Boris Cyrulnik

El amor que nos cura

Colección
Psicología/Resiliencia

Editorial Gedisa

RESILIENCIA

La *resiliencia* designa la capacidad humana de superar traumas y heridas. Las experiencias de huérfanos, niños maltratados o abandonados, víctimas de guerras o catástrofes naturales, han permitido constatar que las personas no quedan encadenadas a los traumas toda la vida, sino que cuentan con un antídoto: la resiliencia. No es una receta de felicidad, sino una actitud vital positiva que estimula a reparar daños sufridos, convirtiéndolos, a veces, hasta en obras de arte.

Pero la resiliencia difícilmente puede brotar en la soledad. La confianza y solidaridad de otros, ya sean amigos, maestros o tutores, es una de las condiciones para que cualquier ser humano pueda recuperar la confianza en sí mismo y su capacidad de afecto.

La serie RESILIENCIA tiene como objetivo difundir las experiencias y los descubrimientos en todos los ámbitos en los que el concepto está abriendo nuevos horizontes, tanto en psicología y asistencia social como en pedagogía, medicina y gerontología.

El amor que nos cura

Boris Cyrulnik

Traducción de
Tomás Fernández Aúz
y Beatriz Eguibar

gedisa
editorial

Título del original francés:
Parler d'amour au bord du gouffre
© Éditions Odile Jacob, París, 2004

Traducción: Tomás Fernández Aúz y Beatriz Eguibar

Diseño de cubierta: Sylvia Sans

Primera edición: febrero del 2005, Barcelona

Derechos reservados para todas las ediciones en castellano
y otros idiomas salvo el francés

© Editorial Gedisa, S.A.
Paseo Bonanova, 9 1º-1ª
08022 Barcelona (España)
Tel. 93 253 09 04
Fax 93 253 09 05
Correo electrónico: gedisa@gedisa.com
http://www.gedisa.com

Preimpresión:
Editor Service S.L.
Diagonal 299, entresol 1ª – 08013 Barcelona

ISBN: 84–9784-085-2
Depósito legal: B. 12127-2005

Impreso por: Romanyà Valls
Verdaguer, 1 – 08786 Capellades

Impreso en España
Printed in Spain

Índice

*La neurosis de destino del señor Supermán permite comprender que la
resiliencia evita tanto la identificación con el agresor como la identificación
con el agredido. El amor es una tercera vía, mucho más constructiva.*

I
INTRODUCCIÓN

Un auxilio inocente

Para parecer formal basta con callarse. Pero cuando se tienen 16 años, la más mínima charla es un apareamiento verbal y uno se muere de ganas de hablar.

No recuerdo su nombre. Creo que respondía al apellido de «Rouland». No hablaba nunca, pero no se callaba de cualquier manera. Hay quien permanece en silencio para esconderse, quien baja la cabeza y esquiva las miradas para aislarse de los demás. Él, por su actitud de bello melancólico, traslucía lo siguiente: «Os observo, me interesáis, pero me callo para no descubrirme».

Rouland me cautivaba porque corría con rapidez. Era importante para el equipo de rugby de infantiles del instituto Jacques-Decour. Era frecuente que dominásemos por nuestra fuerza física, pero nos ganaban porque nos faltaba un extremo rápido. Por eso me hice amigo suyo. En nuestras conversaciones yo era quien debía ocuparme de todo: de las preguntas, de las respuestas, de las iniciativas y de las decisiones relacionadas con el entrenamiento. Un día, tras un largo silencio, me dijo de pronto: «Mi madre te invita a merendar».

En lo alto de la calle Victor-Massé, cerca de Pigalle, hay un callejón sin salida donde se vive como en un pueblo. Tiene grandes adoquines, puestos de frutas y de verduras y un charcutero. En el segundo piso hay un apartamento pequeño y agradable. Allí estábamos: Rouland, en silencio sobre un canapé, y yo atiborrado de bombones, de pasteles y de frutas confitadas servidas en platitos dorados. ¿Me esforzaba demasiado en dar la impresión de no comprender cómo se ganaba la vida su madre en la calle Victor-Massé o en los cafés de Pigalle?

Cincuenta años más tarde, hace unos meses, recibo una llamada de teléfono: «Rouland al aparato. Estoy de paso cerca de tu casa, ¿quieres que nos veamos un par de minutos?». Era delgado, elegante, bastante atractivo y hablaba notablemente más: «Estudié en la Escuela de Comercio, es algo que nunca me ha interesado demasiado, pero prefería la compañía de los libros a la de unos compañeros que me aburrían y la de unas chicas que me asustaban. Quería decirte que tú cambiaste mi vida». Yo pensé: «¡Vaya!». Y él añadió: «Te agradezco que hicieras como que no comprendías que mi madre trabajaba en esa profesión». No se atrevió a pronunciar la palabra. «Era la primera vez que veía que alguien se mostraba atento con ella... Durante años reviví las imágenes de aquella escena, te volvía a ver haciéndote el ingenuo, con una amabilidad quizá algo excesiva; pero era la primera vez que alguien respetaba a mi madre. Ese día recuperé la esperanza. Quería decírtelo.»

A pesar de sus progresos, Rouland seguía siendo aburrido. No nos hemos vuelto a ver, pero este reencuentro me planteó una pregunta. En mi mundo, lo que me proponía era simplemente reclutarlo para el equipo de rugby como extremo de la línea de tres cuartos. No tenía ningún motivo para despreciar a aquella amable señora que vestía de forma extraña. Pero en su mundo, esta historia había provocado una feliz transformación. Rouland descubría que podía dejar de sentir vergüenza. Al verse observado por una tercera persona, el tormento que le causaba la profesión de su madre dejaba aflorar un apaciguamiento. El trabajo psicológico estaba aún por hacer, pero él empezaba a creer que podría realizarlo, porque acababa de comprender que es posible modificar un sentimiento. Mi mala comedia había puesto en escena un significado importante para él. Mi incómoda amabilidad le había dado un poco de esperanza.

El sentido que atribuíamos a un mismo escenario de comportamiento era diferente en nuestros respectivos casos. No era en el acto donde había que buscar la diferencia, sino en nuestras historias privadas: pequeña intriga para mí, conmoción afectiva para él. Cincuenta años más tarde, me enteraba asombrado de que había actuado como tutor de resiliencia para Rouland.

Creyó en la luz porque estaba en la oscuridad. Yo, que vivía a plena luz, no había sabido ver nada.[1] Yo percibía una realidad que para mí no tenía demasiado sentido: una señora me ofrecía demasiados bombones, se estaba calentito en su agradable piso, me preguntaba cómo lograba respirar con su faja, apretada para abombar sus senos. Prisionero del presente, yo me hallaba fascinado, mientras que Rouland, por su parte, vivía un instante fundacional.

El anuncio que se le hizo a Olga

Olga suspira: «Ayer, a las diez menos cuarto, una simple frase hizo que una angustia mortal me invadiera el alma: "Le será difícil volver a andar". Antes del accidente de automóvil, arrastraba mi vida en una sucesión de días grises y cursaba sin brío mis estudios, despertando de vez en cuando por el placer de un día de esquí o de una noche de música tecno. A las diez menos cuarto, una simple oración produjo el desgarro. Quedaba dicho. Al principio no sufrí, aletargada por el embotamiento. El tormento apareció más tarde, junto con la conciencia de no haber vivido lo suficiente. Qué tontería más grande, debería haber vivido más buenos momentos, paladeado cada segundo de mi vida.

"¿Qué espera usted de mí?", preguntó el médico.

"La verdad", respondí yo. Pero mentía. Existía una minúscula posibilidad de que se tratase de un mal sueño. Lo último que debía hacer era eliminarla. La verdad que yo esperaba correspondía a esa minúscula posibilidad».[2]

Un relato sin palabras había sembrado la esperanza en el mundo de Rouland, mientras que una frase había quebrado la de Olga. Después de una frase semejante, ya no se vuelve a ser el de antes. Uno puede renacer un poco, pero se vive de otro modo, porque una angustia mortal nos invade el alma. Uno saborea las cosas como si fuese la primera vez, pero en realidad se trata de una ocasión distinta. Uno recupera el placer de la música, pero el placer es otro, más agudo, más intenso y más desesperado debido a que se ha estado a punto de perderlo.

Placer desesperado. Olga tenía 18 años en la época en que era estudiante en Toulon. No podía perder ni un minuto, repartida entre sus estudios, las partidas de esquí en Praloup y las noches de baile en Bandol. Su trayectoria se quebró de golpe contra un muro, de noche, en una curva fallida. Cuando se es parapléjico a los 18 años, uno se queda como muerto. Pero sólo al principio; después la vida regresa, aunque sólo en parte, y con un sabor extraño. La representación del tiempo ya no es la misma. Antes, uno dejaba transcurrir los días, les sacaba partido, se aburría. Uno percibía un transcurso temporal que se dirigía lentamente hacia una muerte lejana, segura y, sin embargo, virtual. Desde el accidente que había hecho que una angustia mortal le invadiese el alma, Olga regresaba a la vida con la extraña sensación de vivir entre dos muertes. Una parte de su vida había muerto en ella. Otra esperaba la segunda muerte que habría de llegar más tarde. Quienes superan un trauma experimentan con frecuencia esta sensación de prórroga que confiere un sabor desesperado a la vida que se ha perdido, pero que agudiza el placer de vivir lo que aún sigue siendo posible. Olga ya no podía esquiar ni bailar, pero podía estudiar, pensar, hablar, sonreír y llorar mucho. Hoy es una brillante genetista, trabaja, tiene amigos y sigue haciendo deporte…, en silla de ruedas. «La primera vez que veo a alguien con una lesión medular sé que lo superará si, en su mirada, brilla un amor por la vida. Los que dan la impresión de haber sido heridos el día anterior tendrán escaras. Yo sostengo que la escara es algo más que un problema de piel. Es una necrosis. Es llevar una angustia mortal en el alma. Los que, sufriendo, aceptan su nuevo ser se las arreglan mejor para salir adelante. Hacen deporte aunque antes no fueran deportistas, establecen vínculos, trabajan más.»[3]

Hace algunos años, una persona con una lesión medular era reparada con mejor o peor fortuna y después se la internaba en un establecimiento en el que, tristemente, apenas vivía. Hoy, el parecer social está cambiando: sea o no curable la lesión, se pide a la persona que utilice sus facultades para reeducarse en otra forma de vivir. Es el contexto afectivo y social el que propone a quien padece esta lesión unos cuantos tutores de resiliencia sobre los cuales tendrá que crecer.

La historia de Olga permite situar la idea de resiliencia. Hace algunas décadas, las personas con estas lesiones eran tenidas por personas inferiores. Al no tener en cuenta más que sus lesiones físicas, se les impedía reanudar toda vida psicológica. Todas morían socialmente. Ha sido preciso un largo combate técnico y cultural para que un gran número de ellas consiga revivir, de otra forma.

Amar a pesar de todo

Rouland había vivido mi representación amable como una revelación: resultaba posible no despreciar a su madre. Durante toda su infancia, él había amado a una mujer a la que todo el mundo rebajaba. Cuando su madre le sacó de la institución en la que había pasado sus primeros años, se sintió feliz de vivir en casa de esa señora animada y expresiva. Se aburría mucho porque ella dormía durante el día y salía a trabajar por la noche. «Es una especie de profesión artística», pensaba el chico.

Los cuchicheos de sus compañeros de colegio, que se reventaban de risa, le hicieron descubrir rápidamente que esa profesión implicaba otras obligaciones. Rouland se volvió un chico triste, pero siguió siendo leal a su madre, cuya reputación defendía, a veces a puñetazos.

El desgarro traumático era cotidiano, silencioso y casi invisible: una mueca chusca dibujada en el rostro de sus compañeros, un murmullo que se detenía súbitamente cuando se acercaba Rouland. Estas cosas apenas dichas, casi no vistas, agobiaban al muchacho, emparedado vivo en un mundo de guasas. Para mí, la comedia que había representado ante su madre no era más que un vago recuerdo, mientras que en su interior constituía una referencia espléndida. Yo había trabado sin saberlo el primer nudo de su resiliencia. A partir de ese día, él recuperó la esperanza, se hizo poco a poco dos o tres amigos e invitó a merendar a los más duros del equipo de rugby. Todos estos jóvenes se portaron correctamente, y Rouland, lentamente, fue aprendiendo a hablar.

Cuando conoció a su mujer aún estaba en fase de reparación y tuvo que vencerse para presentársela a su madre. La joven fue educada y tal vez algo más. Rouland deseaba que su madre y su novia no se viesen demasiado porque amaba a cada una de ellas de modo diferente. Después de unos cuantos años de entrenamiento afectivo, quedó sorprendido al constatar que ya no se sentía incómodo cuando se reunían las dos mujeres.

Sólo se había atrevido a intentar la aventura de la vida en pareja porque unos cuantos años antes había recobrado la esperanza, pero fue el estilo afectivo de su mujer lo que le adiestró en su nueva forma de amar. Ya no estaba emparedado con esa madre a la que amaba sin poder decirlo. Mi ceremoniosa representación había desatado la esperanza, pero fue su primer amor lo que le dio confianza y lo que metamorfoseó su sufrimiento mudo.

El embotamiento había protegido del sufrimiento a Olga tras el accidente. Decía que su cuerpo le parecía extraño, que no se daba cuenta de lo que había pasado. La gente admiraba su valentía, cuando en realidad se trataba de una anestesia. El sufrimiento llegó con una única frase cuando el médico se vio obligado a decirle: «Le será difícil volver a andar». Olga se vio entonces incapaz de desplazarse, y esa imagen puso patas arriba sus proyectos y hasta su pasado: «Tendría que haberle sacado más partido a la vida… ¿Cómo me las voy a arreglar en el futuro?». En la época, aún reciente, en que nuestra cultura no concebía la discapacidad en términos de resiliencia, Olga habría quedado seccionada, con una mitad muerta y la otra agonizante. Sin embargo, desde que se cuida mejor el ambiente que rodea a los que padecen una lesión medular, la parte muerta permanece sometida a los imperativos técnicos y médicos, pero la parte viva ha dejado de vivir una agonía. Olga volvió a vivir, pero no como antes. Tuvo que conceder valor prioritario a facultades que eran secundarias antes de su accidente. Se concentró en las actividades intelectuales y mejoró sus capacidades de relación. Hoy pertenece a ese grupo de personas que elogian la debilidad[4] y que se han fortalecido a pesar de su discapacidad. Trabaja en un laboratorio, y hace poco ha quedado embarazada. Sin embargo, el marido que ha encontrado ha tenido que articular su propia manera de amar con la de esta mujer especial. Y cuando nazca el niño, tendrá que trabar un vínculo con unos padres que no son como los demás y de quienes recibirá una herencia peculiar.

La concentración en las capacidades soterradas, la impugnación del parecer social y la articulación de los estilos afectivos constituyen el tema de este libro. Cuando se llega a la edad de emparejarse, uno se presenta tal como le gustaría ser, pero el compromiso se realiza con lo que se es, con el estilo afectivo que nos es propio y con nuestra historia pasada. Toda pareja firma un acuerdo particular que le confiere una especie de personalidad, cosa que resulta extraña, ya que se trata de la unión de dos individuos diferentes. En el terreno afectivo que así se crea nacerán niños, y tendrán que desarrollarse en él.

Hablaremos de amor porque es difícil construir una pareja sin profesarse afecto mutuo y sin que eso deje una huella en nuestros hijos. Y hablaremos de abismo, porque estas personas que se quieren se encuentran al borde de un precipicio y hacen esfuerzos para alejarse de él.

La escara del cuerpo sirve de metáfora de la escara del alma que marca a quienes han padecido un trauma psíquico: «Auschwitz como una escara en mi propio origen...». El psiquismo ha sufrido una agonía por efecto del trauma. El mundo íntimo pulverizado, embotado, fue incapaz de dar forma a lo que percibían los deportados. Éstos, sacudidos por unas informaciones descabelladas, fueron incapaces de pensar, de situarse, de trabar relación con los demás y con su pasado. Sin embargo, la evolución de estas personas mutiladas por la existencia se vio sometida a una convergencia de presiones que fusionó la gravedad de la herida, su duración, la identidad que esas personas habían elaborado antes del desastre y el sentido que atribuían a su derrumbamiento. La evolución psíquica de estos deportados se ha visto tan influida por su historia íntima como por los discursos que su familia y su sociedad han mantenido acerca de su condición: «Es tremendo, estás listo, nunca lograrás salir adelante…», o: «Bien que te lo has buscado, ¿cómo te las has arreglado para meterte en este lío?». Las víctimas siempre son un poco culpables, ¿verdad?

El regreso a la vida se realiza en secreto, con el extraño placer que proporciona el sentimiento de vivir una prórroga. El trauma ha hecho añicos la personalidad anterior, y cuando nadie reúne los pedazos para frenar su dispersión, el sujeto queda muerto o no vuelve bien a la vida. Sin embargo, cuando se ve sostenido por la afectividad cotidiana de las personas que están cerca de él, y cuando el discurso cultural da sentido a su herida, consigue retomar un tipo de desarrollo distinto. «Todo traumatizado está obligado a asumir un cambio»,[5] de lo contrario permanece muerto.

Freud ya había evocado la posibilidad de lo que hoy llamamos resiliencia: «Teniendo en cuenta la extraordinaria actividad sintética del yo, creo que no podemos seguir hablando de trauma sin abordar al mismo tiempo la cuestión de la cicatrización reactiva».[6]

No habrá más remedio que preguntarse por qué algunas personas se irritan ante esta posibilidad de regresar a la vida. Ya en 1946, René Spitz había estudiado el descalabro provocado por la carencia afectiva, el surgimiento de un marasmo que podía llegar al anaclitismo, esa pérdida de soporte afectivo que lleva al niño a abandonar la vida, a dejarse morir porque no tiene a nadie por quien vivir. En 1958, este psicoanalista estudió la posible reanudación de un desarrollo: «En la cura de la depresión anaclítica […] se observa el fenómeno de una «re-fusión» parcial de las pulsiones; la actividad de estos niños se reanuda con rapidez, se vuelven alegres, festivos, vitales».[7] Anna Freud, en el prólogo del libro que aquí citamos, escribe lo siguiente: «La obra del doctor Spitz justificará las esperanzas de quienes desean consagrarse a un estudio más profundo de este problema».[8] Anna Freud fue objeto de agudas críticas por este comentario.[9] John Bowlby, presidente de la Sociedad británica de psicoanálisis, que también trabajaba en las carencias de cuidados maternales, se inspiró en la etología animal para impulsar los trabajos sobre la vinculación,[10] unos trabajos en los que defendía la idea de que lo real moldea el mundo íntimo de los niños. Este escrito fue criticado con cicatería por quienes pensaban que el trauma no existía en la esfera de lo real, sino que el niño quedaba traumatizado «por el surgimiento de una representación inaceptable»,[11] cosa que también es verdad. Ésta es la razón de que, al final de su vida, John Bowlby haya reconciliado a todo este mundillo al escribir: «la vía que sigue cada individuo en el curso de su desarrollo, y su grado de resiliencia frente a los acontecimientos estresantes de la vida, se hallan sólidamente determinados por la estructura de la vinculación que haya desarrollado en el transcurso de sus primeros años».[12]

Los relatos que rodean al hombre magullado pueden repararle o agravarle

Freud pensaba que los gérmenes del sufrimiento surgido en la edad adulta habían sido sembrados durante la infancia. Hoy es preciso añadir que la forma en que el entorno familiar y cultural habla de la herida puede atenuar el sufrimiento o agravarlo, en función del relato con que ese entorno envuelva al hombre magullado.

Los niños soldado de Latinoamérica, de África o de Oriente Próximo tienen casi todos un trauma. Los que consiguen ponerse a vivir de nuevo se ven obligados a abandonar su población y a veces hasta su país para «partir de cero» y no padecer la etiqueta infamante que el entorno prende a su historia. Muchos niños soldado tienen miedo de la paz porque sólo han aprendido a hacer la guerra. Sin embargo, algunos desean escapar a ese destino y piden ir al colegio, lejos de los lugares en los que han actuado como soldados. Estos niños pueden cambiar, a condición de que la organización social les permita esa evolución. Cuando se les pregunta qué habrían sido en caso de no haber conocido los desgarros de la guerra, casi todos responden: «Habría hecho lo mismo que mi padre», cosa que es muy normal, ya que en tiempo de paz, es el adulto, la figura del vínculo, el que sirve de modelo de identificación. Como eran parte activa en una guerra, aquellos de esos niños que aprendieron a erotizar la violencia se convirtieron en mercenarios. En toda guerra moderna, hay una cifra de combatientes –que oscila entre el 10 y el 15 por ciento– que descubre las delicias que puede procurar el horror. Las mujeres que, con frecuencia creciente, se implican en acciones militares –como sucede en Colombia, en Oriente Próximo o en Sri Lanka– también experimentan ese placer aterrador. La cifra de los traumatizados varía en función de las condiciones de la guerra, aunque se estima que su media durante el primer año ronda el 30 por ciento. Y en lo que hace a quienes integran la mayoría, compuesta por aquellos que no se ven ni excitados ni descalabrados por la lucha, es frecuente que salgan de la experiencia abatidos y desesperados.

Muchos niños soldado sueñan con convertirse en médicos «para curar», o en escritores «para contar». Pero el contexto social no siempre abre la posibilidad de recorrer ese largo camino. Los que consigan fundar una familia, convertirse en médicos o en periodistas nunca olvidarán el trauma. Antes al contrario, lo convertirán en el elemento que organiza su vocación. No conocerán la serena felicidad que les habría proporcionado una auténtica familia en una cultura de paz, tendrán una escara en el fondo de su ser, pero habrán conseguido regresar al mundo de los vivos, arrancar algunos momentos de felicidad y dar sentido a su calamidad a fin de volverla soportable.

El medio más seguro de torturar a un hombre es desesperarlo diciéndole: «Aquí no hay porqués».[13] Esta frase le hace caer en el mundo de las cosas, le somete a las cosas y le convierte a él mismo en cosa. Para poder tender la mano a un agonizante psíquico y ayudarle a volver a ocupar un lugar en el mundo de los humanos es indispensable realizar una labor de construcción de sentido. Aquí sí hay porqués: «La capacidad para traducir en palabras, en representaciones verbales susceptibles de ser compartidas, las imágenes y las emociones experimentadas, a fin de darles un sentido que pueda comunicarse»,[14] les vuelve a conferir humanidad. Amar los porqués es un factor de resiliencia precioso, pues permite volver a tejer los primeros puntos del vínculo desgarrado.

Germaine Tillion, etnóloga, especialista en cuestiones relacionadas con el Magreb, es deportada a Ravensbrück en 1943 por pertenecer a la Resistencia. Al poco de llegar, utiliza la capacidad de observar que había aguzado en sus contactos con los bereberes del Aurés. Trata de comprender cómo funciona el campo de concentración y, por la noche, en los barracones, da charlas en las que explica que los guardias quieren explotarlas hasta que caigan muertas.

Geneviève de Gaulle-Anthonioz dice: «Al escucharte, ya no éramos *Stück* (piezas), sino personas, podíamos luchar porque podíamos comprender».[15]

Y a esto, Germaine Tillion responde: «la capacidad para descifrar los fenómenos que nos rodeaban nos protegía moralmente, atenuaba nuestros miedos […]. Tan pronto como regresé, me consagré a investigar el tema de la deportación».[16]

Para no dejarse asesinar, hay que buscar en los significados ocultos las estructuras invisibles que permiten el funcionamiento de ese sistema absurdo y cruel. El hecho de hallarse fascinado por los verdugos acarrea en ocasiones una identificación con el agresor, pero la mayoría de las veces la atención que les concede la víctima hace que queden grabados unos recuerdos que, más tarde, permitirán la metamorfosis. Esos recuerdos procuran un espacio de libertad íntima: «Esto no pueden quitármelo, no pueden impedirme que lo comprenda y lo utilice a la menor ocasión». Esta construcción de sentido permite desarrollar un sentimiento de pertenencia y proteger las identidades, ya que las incorpora a un grupo que emplea las mismas palabras y las mismas imágenes, y que observa los ritos que tejen la solidaridad. Tan pronto como se vieron liberadas, estas dos mujeres se implicaron en la lucha contra la tortura en Argelia y contra el hambre en el mundo.

«Hoy sabemos que los que han padecido un trauma […] obtienen un beneficio indudable al realizar una labor que les permite restablecer los vínculos […], al proceder a una construcción de sentido *a posteriori*»,[17] pero el modo en que juzgan los acontecimientos guarda relación con la escara que sigue clavada en su historia.

No hay actividad más íntima que la de la labor de construcción de sentido. Lo que ha quedado impregnado por el trauma real alimenta sin cesar una serie de representaciones de recuerdos, unos recuerdos que constituyen nuestra identidad íntima. Este sentido persiste en nosotros y da forma temática a nuestra vida.

II
LA RESILIENCIA COMO ANTIDESTINO

«Es extraña la forma en que las cosas adquieren sentido cuando terminan…, es entonces cuando comienza la historia.»[1]

Hablamos, hablamos, y las palabras se suceden, pero sólo cuando la música de la voz nos prepara para el punto final comprendemos al fin hacia dónde nos llevaban. Vivimos, vivimos, y los hechos se acumulan, pero sólo cuando el tiempo nos permite volver la atención sobre nosotros mismos captamos por fin hacia dónde tendía nuestra existencia. «El surgimiento del sentido sólo se hace posible porque, al sucederse, las palabras se dan muerte unas a otras.»[2] Cuando la infancia se disipa, la convertimos en relato, y cuando la vida se muere descubrimos por qué ha sido preciso vivirla.

Lo que nos hace acceder al sentido es el tiempo. Debería decir mejor: lo que impregna de sentido lo que percibo es la representación del tiempo, la forma en que rememoro mi pasado para disponer mis recuerdos y deleitarme con mis ensoñaciones. El relato que me narro sobre lo que me ha pasado, y el retablo que compongo de la felicidad que espero, introducen en mí un mundo que no está ahí, que no está presente y que sin embargo experimento con intensidad.

La tortilla humillante

Una tortilla humillante y una inquietante taza de té me permitieron comprender que el sentido de nuestra existencia brota de acontecimientos que ya no se encuentran en el contexto.

Teresa pensaba que llevaba una vida cuya sensatez tenía un punto de exceso: no se atrevía a confesarse que esa vida era, en muchos casos, insulsa. El principal acontecimiento de su día a día consistía en hacer la compra en el supermercado, todas las mañanas a eso de las once. Ese día, como suele suceder, su carrito choca con el de un joven que, inmediatamente, transforma el incidente en un comentario amable que la hace sonreír. Poco tiempo después, el joven la ayuda a cargar las bolsas en el coche. Más tarde, le hace una seña con la mano al salir del aparcamiento. Un rato después aparca en la misma calle cuando ella llega frente a su casa. Otro poco después, Teresa se descubre a sí misma, estupefacta, en la cama con un hombre encantador al que dos horas antes no conocía.[3]

Después del idilio, Teresa no puede dar crédito a lo que ha pasado. Dice a su amante: «Es mediodía, si quieres te hago una tortilla». Él responde que es una buena idea y que, mientras tanto, él ira a mirar un ruido raro que ha escuchado antes en su coche. Al oír el ruido del motor, Teresa nota una sensación extraña, se asoma a la ventana y ve al vehículo doblar la esquina a toda velocidad al final de la calle y desaparecer. Teresa encaja esa partida como un mazazo y se deshace en lágrimas, humillada.

Supongamos que el amante fugaz hubiera compartido la tortilla de Teresa. La aventura sexual habría adquirido un significado totalmente diferente: «Bonito desatino, increíble, no sé lo que me ha dado, no hay que darle más vueltas; o, mejor, sí, pensemos en ello como en un hermoso acontecimiento en un horizonte gris».

Fue la huida lo que dio sentido al encuentro que se había producido unos instantes antes. Teresa se enfurecía con el plato en la mano. No comió esa tortilla, que significaba «humillación», aunque esa misma tortilla habría podido significar «hermosa locura» si el amante la hubiera compartido. El desarrollo de estos actos había transformado la cosa en signo.

Teresa, conmocionada, evocaba en su memoria algunas escenas y recordaba algunas frases. Experimentaba, sin dejar de refunfuñar, el curioso placer que da la satisfacción de una necesidad. Teresa rectificaba algunas escenas, imaginaba nuevas palabras: «Tendría que haberle dicho… darme cuenta… mandarle a paseo». Y mientras reconstruía su pasado, Teresa integraba su aventura en la historia de su vida y trataba de descubrir algunas analogías, algunas repeticiones o regularidades que la habrían permitido comprender el modo en que gobernaba su existencia: «Siempre dejo que los hombres me tomen el pelo…, me pasó lo mismo con mi primer coqueteo». Tras haber descubierto una orientación en su historia, Teresa se fabricaba una regla que la tranquilizaba de cara al futuro: «Esto tiene que cambiar, ya que no desconfío lo suficiente de los hombres, tengo que desconfiar de mí misma». Al buscar en su historia algunas dolorosas repeticiones, Teresa presentaba nuevamente en su conciencia (se re-presentaba) un escenario inscrito en su memoria y lo reorganizaba. De hecho, al sufrir, dejaba de rumiar su mal y trabajaba en cambio en la puesta a punto de una nueva orientación de su futuro. Este triste trabajo de rememoración le daba seguridad porque le ayudaba a descubrir una regla capaz de permitirle dominar su existencia en el futuro. La tortilla significante, integrada en un relato sobre su persona, acababa de permitirle descubrir una orientación para su existencia.

La tendencia a contarnos el relato de lo que nos ha pasado constituye un factor de resiliencia a condición de que demos un sentido a eso que ha pasado y de que procedamos a una reorganización afectiva.

Teresa, desde luego, no reaccionaba ante los huevos, reaccionaba ante el sentido que el desarrollo de los actos había atribuido a la tortilla. Teresa no estaba humillada por la tortilla, se sentía mortificada por el sentido que el escenario del contexto y de su propia historia le había hecho asociar a la tortilla.

Un ser humano no podría vivir en un mundo sin memoria ni sueños. Prisionero del presente, sería incapaz de atribuir sentido a las cosas. El misterio de la taza de té puede ilustrar esta idea. Estamos ocupándonos tranquilamente del jardín cuando, para mitigar la sed, entramos en el salón de nuestra casa. Inmediatamente, quedamos sorprendidos al ver a nuestros hijos horrorizados frente al televisor. En la pantalla, un hombre está a punto de beber una taza de té. Nos preguntamos dónde está el horror, y no logramos comprender porque estábamos en el jardín en el momento en que, en la película, la mujer del héroe puso cianuro en el té.[4] Nuestros hijos, por su parte, han conservado esa escena en la memoria, y eso les permite prever que ese señor va a morir. Ellos experimentan el delicioso horror de una película policíaca mientras que nosotros no vemos en ella más que una trivialidad desprovista de sentido. Están viviendo un acontecimiento aterrador, mientras que, para nosotros, no ocurre nada. Su memoria da sentido a la taza de té. Ellos saben que ese objeto representa mucho más que una simple taza, pues transmite la muerte. El presente que contemplan ha quedado impregnado por su pasado, lo que provoca una deliciosa angustia de futuro.

Hasta las palabras públicas tienen un sentido privado

Esta capacidad de atribuir a las cosas el sentido que se ha grabado en nosotros en el transcurso de nuestro desarrollo se localiza con facilidad en la narración. Para realizar un relato de nosotros mismos que exprese nuestra identidad personal hay que dominar el tiempo, recordar algunas imágenes pasadas que nos hayan impresionado y confeccionar con ellas un relato. Ahora bien, todas las palabras que intercambiamos en nuestra vida cotidiana han quedado igualmente empapadas del sentido adquirido en el transcurso de nuestro pasado.

María Nowak, tras una infancia alucinante en la Polonia de los años cuarenta, desarrolló la peculiar memoria de los que han padecido un trauma: una mezcla de recuerdos nítidos rodeada de zonas borrosas. Siendo una niña, María asiste al incendio provocado de su casa, padece los bombardeos, sufre la desaparición de su padre, vive la detención de su hermana, conoce el temor incesante a ser encarcelada también, contempla el regreso al establo del caballo que lleva el cuerpo de un amigo suyo con la cabeza agujereada por una bala, se enternece frente a la belleza de los cadáveres que una sábana de nieve recubre con delicadeza…, hasta el momento en que, hambrienta y abandonada, es confiada a varios orfelinatos y familias de acogida. En estos lugares, la protección material queda asegurada, pero María no encuentra en ellos a nadie con quien sustentar un poco de afectividad. Al llegar los rusos y producirse la «liberación», su madre la encuentra y le pregunta cómo han transcurrido esos dos años de separación. La chiquilla responde: «Nada especial». Y era cierto. «Yo había atravesado un desierto de tiempo, de vida y de ternura. Salía de él agotada, eso era todo.»[5] En esos orfelinatos, María había dispuesto de una protección mejor de la que hubiera tenido si se hubiera quedado sola en la calle. Sin embargo, en su realidad íntima, el desierto afectivo no había provocado ningún remolino emocional capaz de volverla sensible y de constituir una imagen, una referencia temporal, un hito, que le permitiese construir el relato de sí misma: «… desierto de tiempo… y de ternura…». Ninguna imagen que poder guardar en la memoria.

El hecho de que semejantes circunstancias impidan la memoria de las imágenes y de las palabras no significa en absoluto que no exista memoria. Pero se trata de una memoria sin recuerdos, de una sensibilización preferente a un tipo de acontecimientos a los cuales la chiquilla habrá de atribuir en lo sucesivo un sentido singular. Más tarde, cuando ya era estudiante en París, un simpático joven la invita a cenar. Antes de entrar en el restaurante, él le pregunta: «¿Tienes hambre?». Y ella contesta: «No, ahora ya no. Como todos los días».[6] Las palabras que, por convención, han de ser idénticas para todos aquellos que hablan una misma lengua, se cargan con un sentido concreto que procede de la historia privada de cada hablante.

Para que podamos construirnos una representación del tiempo pasado y del tiempo por venir, es preciso que las relaciones afectivas destaquen aquellos objetos, gestos y palabras que habrán de constituir un acontecimiento. Así se instala en nosotros un dispositivo capaz de dar sentido al mundo que percibimos.

Ésta es la razón de que haya que esperar al final de la frase y de que haya que aguardar hasta el final de la vida para que aparezca el sentido. Mientras no se haya puesto el punto final de la frase o de la vida, el sentido es susceptible de una constante reorganización.

Tener una catedral en la cabeza

El amanecer del sentido nace al mismo tiempo que la vida, ya sea ésta animal o humana, pero se construye de manera distinta según la especie, el desarrollo y la historia del individuo.

Para un animal, lo real es comprensible. Responde a esa realidad mediante comportamientos adaptados. Percibe los objetos animales que su sistema nervioso destaca en el entorno. Los procesos de memoria biológica aparecen en los estadios tempranos del mundo vivo, incluso en organismos muy simples. Tan pronto como existan unas cuantas decenas de miles de neuronas capaces de constituir, como sucede en la araña, un pequeño ganglio «cerebral», el ser vivo se vuelve capaz de memorizar. De este modo, puede aprender a resolver los diversos problemas que le plantean los mudables entornos ecológicos y conocer distintos desarrollos. Tan pronto como su sistema nervioso es capaz de hacer que retorne una información percibida en el pasado y de disparar una respuesta a ella, podemos hablar de representaciones sensoriales. Esta memoria atribuye al objeto percibido una emoción que provoca la atracción o la huida en función del aprendizaje inducido por las informaciones pasadas.[7]

En el bebé, también lo real es comprensible. Durante las últimas semanas del embarazo, el feto responde a unas informaciones sensoriales elementales y se familiariza con ellas (ruidos, percusiones mecánicas, sabor del líquido amniótico, emociones de la madre). Esto explica que, desde el nacimiento, su mundo se encuentre estructurado por una serie de objetos destacados que percibe mejor que otros.

Sin embargo, todo ser vivo posee un pequeño grado de libertad biológica, dado que puede huir o someterse, agredir o doblegarse. Sólo cuando aparecen las representaciones de las imágenes o de las palabras el sujeto se vuelve capaz de reelaborar el sentido que ha quedado impregnado en su memoria. La evolución le ha dado una capacidad de resiliencia natural.

El nacimiento de la palabra provoca la derrota de las cosas. Inicialmente victoriosas, las cosas se imponen a nuestra memoria, pero, tan pronto como nos volvemos capaces de fabricar elementos simbólicos, de ubicar en un punto un objeto que representa a otro, nuestro mundo íntimo adquiere la capacidad de sustituir las cosas por pensamientos.

Para ilustrar hasta qué punto habitamos este nuevo mundo, he solido atribuir a Charles Péguy la siguiente fábula.[8] Yendo en dirección a Chartres, Péguy ve en un costado de la carretera a un hombre que parte piedras golpeándolas con un mazo. Su rostro expresa desdicha y sus gestos rabia. Péguy se detiene y pregunta: «Señor, ¿qué hace?». «Ya lo ve usted», le responde el hombre, «no he encontrado más que este oficio estúpido y doloroso». Un poco más adelante, Péguy ve a otro hombre que también se dedica a partir piedras, pero su rostro está sereno y sus gestos son armoniosos. «¿Qué hace usted?, señor», le pregunta Péguy. «Pues ya ve, me gano la vida gracias a este cansado oficio, pero cuento con la ventaja de estar al aire libre», le responde el hombre. Algo más lejos, un tercer picapedrero aparece radiante de felicidad. Sonríe al demoler la masa pétrea y mira placenteramente las lascas de piedra. «¿Qué hace usted?», le interroga Péguy. «Yo», responde el hombre, «¡construyo una catedral!».

La piedra desprovista de sentido somete al desdichado a lo real, a lo inmediato, que no permite comprender otra cosa más que el peso del mazo y el dolor del golpe. Por el contrario, quien tiene una catedral en la cabeza transfigura la piedra y experimenta la sensación de elevación y de belleza que provoca la imagen de la catedral, de la que ya se siente orgulloso. Sin embargo, se esconde un misterio en el mundo íntimo de los picapedreros: ¿por qué algunos tienen una catedral en la cabeza mientras otros no ven más que piedras?

Sin memoria y sin esperanza viviríamos en un mundo sin razón. Por tanto, para soportar la cárcel del presente, lo llenaríamos de satisfacciones inmediatas. Esta adaptación del comportamiento nos proporcionaría placeres fáciles, pero las diversiones instantáneas hacen que el carácter se agrie porque es imposible disfrutar constantemente. Todo sabor que se prolonga provoca indiferencia, después desagrado e incluso sufrimiento. No esperar de la vida más que satisfacciones inmediatas conduce a la amargura y a la agresividad por la menor frustración.[9] Una vida consagrada al placer nos hace caer en la desesperación tan inexorablemente como una vida sin placer.

El sentido no tiene tiempo de brotar en el alma de un individuo-instante

«El sentido de las cosas no se encuentra en la realidad objetiva, está en la historia y en el fin perseguido.»[10] Ahora bien, nuestras victorias técnicas acaban de inventar al «individuo-instante».[11] El hombre fulgurante que ama la urgencia porque le empuja al acto y le evita pensar se convierte en un galeote del presente cuya relación con el tiempo organiza un estilo de vida: «Poseemos los medios para gozar sin trabas. Amigos epicúreos, agrupémonos para luchar contra los aguafiestas que nos lo quieren impedir». Una solidaridad semejante proporciona la dicha de la virtud indignada: «No hacemos nada malo. Lo único que queremos es disfrutar de la vida». Sin embargo, como ese acto reflejo no confiere al tiempo la duración necesaria para permitir el surgimiento del sentido, estos grupos centrados en el disfrute se disgregan enseguida y no transmiten nada a sus amigos ni a sus hijos. Por el contrario, los cuatrocientos años necesarios para construir una catedral nos hacen felices aunque aún no haya sido levantada. El sentido procura una dicha duradera y transmisible, mientras que el placer solitario dura lo que dura un relámpago. Sin embargo, cuando el placer se une al sentido, la vida hace que merezca la pena partir piedras por ella.

El sentido se construye en nosotros con lo que nos precede y lo que nos sigue, con la historia y con los sueños, con el origen y con la descendencia. Pero, si nuestra cultura o las circunstancias no disponen a nuestro alrededor algunos lazos afectivos que nos emocionen y nos permitan componer recuerdos, entonces la privación de afectos y la pérdida de sentido nos transformarán en individuos-instante. Sabremos disfrutar rápidamente, pero en caso de desgracia, nos veremos privados de los principales factores de resiliencia.

Esto equivale a decir que ciertas familias, ciertos grupos humanos y ciertas culturas facilitan la resiliencia, mientras que otros la impiden. Se da la circunstancia de que los últimos trabajos de la OMS[12] confirman esta idea, ya que establecen una relación entre la mejora objetiva de las condiciones de la existencia y la desintegración de las familias y los grupos: «Cuanto más elevado es el nivel de organización obtenido por una sociedad, más desunidos están los individuos».[13]

Cuanto más se mejoran las condiciones de la existencia, menos necesidad tiene cada hombre de los demás. Aparece incluso la necesidad opuesta: en su carrera por el mejoramiento de sí mismo, el hecho de ocuparse de los demás representa una cortapisa. Por el contrario, en una sociedad en la que no es posible vivir solo, ocuparse de los demás significa protegerse.

No se trata de renunciar a los progresos que, en cincuenta años, han transformado la condición humana, pero es preciso caer en la cuenta de que no hay progreso exento de efectos secundarios. La mejora de las prestaciones individuales conlleva la dilución de los vínculos y aumenta la vulnerabilidad frente a las experiencias traumáticas. Todo va bien mientras uno se mantiene en carrera, pero, en caso de desgracia, sin afecto y sin sentido, la vida se vuelve demasiado dura, y los desgarros traumáticos resultan difíciles de recomponer.

Desde que terminó la Segunda Guerra Mundial, nada más comenzar la explosión tecnológica, este fenómeno ya había sido resaltado por las encuestas relacionadas con los proyectos existenciales de los jóvenes: el 40 por ciento de los jóvenes austríacos, pertenecientes a un país vencido, se dejaban llevar a la deriva, sin objetivo, mientras que el 80 por ciento de los jóvenes estadounidenses, ciudadanos de un país vencedor, estimaban que la vida no tenía sentido.[14] Entonces se habló de un vacío existencial que estos jóvenes colmaban mediante la búsqueda de placeres inmediatos o mediante el descubrimiento de sucedáneos de sentido hallados al entrar en sectas o en comunidades extremistas.

Para componer un sentido es necesario compartir un proyecto. Pero para provocar una representación que procure una sensación de dicha es preciso que ese proyecto sea duradero y esté diversificado. Cuando una cultura no tiene más proyecto que el del bienestar inmediato, el sentido no tiene tiempo de surgir en el alma de los sujetos que habitan esa sociedad. Y al contrario, cuando una cultura no propone para el porvenir más que una sociedad perfecta que existirá en otro tiempo y en otro lugar, siempre en un marco diferente, sacrifica el placer de vivir para valorar el placer de un futuro sonriente: mañana, siempre mañana.

Historia de un jarrón lleno de sentido

Dado que todos somos capaces de representación, no podemos evitar atribuir un sentido a los acontecimientos que marcan nuestra historia y que participan en nuestra identidad. Podemos dar sentido a la adversidad: «Con la perspectiva del tiempo, me siento orgulloso por no haberme dejado desalentar». También se puede transfigurar un fracaso: «Mi madre trabajaba como mujer de la limpieza y siempre me decía: "Tú serás cirujano, aunque no quieras, para que yo me sienta orgullosa". Eso me hacía pasar los exámenes con una gran angustia y, cuando me suspendieron, descubrí que su disgusto tampoco había sido fatal. Mis angustias desaparecieron, y entonces me permití hacer lo que me gustaba». Se puede modificar incluso el sentido de un objeto cuya circulación «cuenta» algo de nuestra historia íntima.

No puede decirse que Sabine se encontrara a gusto en esa familia de acogida. Tampoco es que estuviera a disgusto, pero se sentía como una extranjera obligada a vivir en un alojamiento mediocre con gente cuya lengua comprendía con dificultad. Sabine esperaba días mejores, y para pagarse su futura autonomía, se comportaba de manera anormalmente formal. Un día, al llegar la fecha del cumpleaños de su cuidadora, escogió como regalo un pesado y costoso jarrón en el que dispuso simplemente unas cuantas lilas recogidas en una zona próxima que se hallaba en obras. La cuidadora, ofendida por la modestia de las flores, se había indignado: «¡Después de todo lo que yo he hecho por ti!». Tiró las flores y guardó el jarrón. Sabine pensó: «Hasta el lenguaje de las flores provoca un malentendido entre nosotras».

Algunos años más tarde, después de haber obtenido la titulación de policía, Sabine –que se hallaba explicando a un becario que el arma del crimen podía ser un objeto trivial– recibió un aviso del hospital relacionado con «alguien de la familia». El becario la acompañó en el coche.

Efectivamente, el marido de su antigua cuidadora acababa de ser operado de un hematoma subdural, una bolsa de sangre en las meninges, entre el cráneo y el cerebro, situación que sobreviene a veces después de un traumatismo craneal. En el momento en que Sabine salía de la sala de cuidados, se le acercó su antigua cuidadora, le tendió una bolsa y dijo: «Por tu culpa, mi marido ha estado a punto de morir». Sabine abrió el saco y vio… ¡el jarrón! La cuidadora añadió: «Aún seguimos peleándonos… Tu jarrón… se lo he tirado a la cabeza». El becario bajó la frente. Sabine cogió el jarrón, lo rompió, se acercó a una alcantarilla y lo arrojó en ella. El becario sonrió.

Los objetos adquieren sentido debido a nuestra memoria, que relaciona los hechos entre sí y les confiere coherencia. En un mundo sin sentido, no podríamos percibir más que esquirlas de realidad, no podríamos responder más que a estímulos presentes: funciona o no funciona, atrae o repele, agrada o desagrada. Fragmentado, sin alma, sin hilo para coser las esquirlas de la realidad, el mundo sería percibido de forma parcelada. Sin embargo, dado que pertenecemos a una especie capaz de percibir una información separada de su contexto, pasada o venidera, y a la que no obstante respondemos mediante emociones, conductas y discursos, nos liberamos de la tiranía de las cosas para someternos a las representaciones que nos inventamos.

Siendo niña, Sabine había comprado con todos sus ahorros ese costoso jarrón para señalar que era buena y que se esforzaría para no resultar una carga para esa familia de acogida. La cuidadora, como siempre, provocaba malentendidos con el sentido de las cosas. Tras haberse visto ofendida por las humildes flores, la cuidadora había pasado a pensar que el jarrón era un arma criminal que Sabine le había dado, acaso de forma intencionada. Al romper el jarrón y tirarlo por una alcantarilla, Sabine se sintió triste y aliviada. Pero sólo cuando el desarrollo de los acontecimientos tocó a su fin apareció el sentido del objeto: «Por culpa de tu jarrón (por culpa tuya) he estado a punto de matar a mi marido».

Este ejemplo permite comprender que, al producirse un acontecimiento traumático, el sujeto se encuentra hasta tal punto conmocionado y desbordado por las informaciones que se ve incapaz de responder a un mundo confuso. Una violencia insensata le ha hecho rozar la muerte. La consecuencia de una causa minúscula es inmensa, el mundo deja de resultar diáfano: ¿cómo comportarse en él?

El relato como antiniebla

Mientras el trauma carezca de sentido, permaneceremos aturdidos, alelados, atónitos, trastornados por un torbellino de informaciones contradictorias que nos vuelve incapaces de decidir. Ahora bien, dado que estamos obligados a dar un sentido a los hechos y a los objetos que nos «hablan», disponemos de un medio con el que arrojar luz en la neblina provocada por el acontecimiento traumático: el relato.

En tal caso, la narración se convierte en una labor de atribución de sentido. Ahora bien, no todas las historias pueden socializarse, y es necesario adaptarlas al otro, que tiene dificultades para entenderlas. La metamorfosis que transforma el acontecimiento en relato se realiza por medio de una doble operación: la de colocar los acontecimientos en una esfera exterior a nosotros mismos y la de situarlos en el tiempo. La persona que escucha la historia debe estar ahí, y callarse. A veces ese testigo existe únicamente en la imaginación del herido, quien, en su relato íntimo, se dirige a un oyente virtual. Para quienes han sido heridos en el alma, la narración es un acto que les procura la sensación de que «los acontecimientos parecen relatarse por su propia iniciativa».[15] Los recuerdos de las imágenes van pasando, rodeados de palabras que las comentan y las precisan, para luego titubear y volver a relatar la escena utilizando expresiones nuevas. Poco a poco, mediante esa labor, el relato extrae el acontecimiento del interior de uno mismo. Esa exposición sitúa en el pasado un acontecimiento destacado que nos ha marcado: «Éste es el precio que ha de pagarse para que el pasado, lo ausente, lo muerto puedan regresar al mundo presente de los vivos, al escenario del texto y de las imágenes, al escenario de la representación y en tanto que re-presentación».[16]

Ahora bien, esta capacidad de construir un discurso que permita acceder al ámbito íntimo sólo se pone en marcha entre los 7 y los 10 años. Antes estamos sometidos al contexto, como esos niños que se echan a reír mientras aún tienen los ojos llenos de lágrimas, o que se sienten desesperados tras una pequeña decepción pero experimentan una gran dicha al ver revolotear una mariposa. Los niños tienen dificultades para responder a la pregunta: «¿Qué has hecho hoy?», porque esa pregunta requiere una representación del tiempo. Lo primero que relatan los niños son los acontecimientos exteriores, antes de construirse un mundo interior.

Entre los 7 y los 10 años, el discurso sobre uno mismo es una sucesión de enunciados que tratan de responder a la pregunta: «¿Quién soy yo para los demás?». Muy pronto, el discurso adopta un sesgo sexuado: «Soy una chica. Me llamo Sylvie. Tengo el pelo rubio y corto».[17] Las chicas emplean frecuentemente el verbo «gustar»: «Me gusta Madeleine, me gusta mi vestido, me gusta el color de mis ojos». Los chicos prefieren «ser» y «tener»: «Soy alto, soy bueno jugando al fútbol, tengo una bici muy bonita».

Cuanto más joven se es, más afirmativo es el discurso. Sólo con la perspectiva del tiempo aparecen los matices, y también las dudas. Las chicas conceden cada vez más importancia al parecer de los demás, mientras que los chicos hablan cada vez más de referencias jerárquicas. Estos estudios ponen de relieve la precoz introducción de un sesgo sexuado en los discursos, pero no explican el origen de esta diferencia.

La reorganización espontánea de la representación de uno mismo en función de la edad, el sexo y el entorno afectivo y cultural da fe de la evolución de la imagen propia y explica por qué la resiliencia es una posibilidad abierta durante mucho tiempo debido a que la idea que nos hacemos de nosotros mismos puede modificarse por efecto del conjunto de los relatos. Más elaborados y menos estereotipados que los discursos, los relatos exigen una reorganización de los hechos inscritos en la memoria, una reorganización realizada con la intención de construir una representación de uno mismo dirigida a quienes tenemos cerca, a la cultura o a una tercera persona, real o imaginaria.

Cuando el sujeto no puede realizar esta labor porque es demasiado joven, porque el entorno le hace callar, o porque su cerebro, dañado por un accidente o una enfermedad, no le permite ya una representación del tiempo, comprobaremos que la resiliencia se vuelve difícil. Sin embargo, mientras sea posible modificar la imagen que nos hacemos de nosotros mismos, mientras una intervención en la realidad psíquica y social nos permita trabajar en ella, la resiliencia será posible, puesto que consiste, simplemente, en reanudar, tras una agonía psíquica, un determinado tipo de desarrollo.

La fuerza del destino

El sentido brota con la perspectiva del tiempo, ya que éste nos permite tender la vista y examinarnos a nosotros mismos y a nuestro pasado.

Esta circunstancia explica que algunas personas sobrestimen la resiliencia –que pone a su alcance una fuente de esperanza–, mientras otras se someten a la desgracia como a un destino. Para quienes tienen este concepto de las cosas, el destino sale inexorablemente vencedor, puesto que es tautológico: «Ha muerto porque tenía que morir». Este argumento es irrevocable porque presenta como dotado de sentido un resultado que estaba contenido en la predicción.[18] Esta verdad inevitable anima a los amantes de la tautología a encadenar sus pensamientos: «Por tanto, hizo medicina porque, con esos padres, no podía hacer otra cosa…». «Se casó con una mujer inflexible porque, dése usted cuenta, con la infancia inestable que tuvo…» En la Edad Media se explicaba que un cuerpo caía porque poseía una virtud caediza. Hoy, declaramos que alguien ha matado a su mujer porque tenía una pulsión asesina. Esa ilusión retrospectiva da una gran sensación de coherencia a quienes sienten pasión por el destino. El sentido, atribuido como un eslogan, posee un efecto que tranquiliza y elimina la culpa: «Yo no podía hacer otra cosa, una fuerza agazapada en mi interior me obligaba… Estaba escrito… No es culpa mía». Quienes adoran al destino festejan la sumisión a las fuerzas oscuras que nos gobiernan. Para ellos, la consecuencia ilumina la predicción: «Yo ya había dicho que el trauma, que él creía cicatrizado, acabaría por despertarse». Una fatalidad nos conduciría de forma irremediable, como una fuerza diabólica profundamente oculta en nuestro interior, como un enorme parásito psíquico difícil de observar y capaz de dirigirnos sin que nos demos cuenta.

Es frecuente que las culturas de la certidumbre atribuyan un sentido de pacotilla a la manifestación de los acontecimientos: «Los judíos muertos en Auschwitz debieron de haber cometido delitos muy grandes para haber sido castigados tan cruelmente por Dios», dijo recientemente un rabino de Jerusalén. Los predicadores televisivos estadounidenses han explicado los atentados del 11 de septiembre de 2001 en relación con «los pecados y la lujuria de los neoyorquinos». Las consecuencias enormes no pueden explicarse más que por causas enormes. Este gusto por la credulidad extrema hace que se acepte todo dogma que imponga lo que ha de considerarse verdad. Perseguidos y perseguidores, víctimas y verdugos, todos nos hallaríamos gobernados por una fuerza inexorable que explica la tragedia.

Esa sumisión al destino resulta tranquilizadora para aquellas personas que no están traumatizadas. Es una sumisión que evita las angustias de la incertidumbre y que elimina la culpabilidad de los criminales de guerra, que dicen pausadamente: «Yo no hice más que ejecutar las órdenes». En Ruanda, las chicas que señalaron a los compañeros de clase que debían ser ejecutados o que, simplemente, iban encontrarse con los antebrazos cercenados, suspiran hoy: «No fui yo, fue Satán, que me tenía poseída». Édith Uwanyiligira relata lo siguiente: «Durante la huida estábamos calladas, igual que los humillados. En todos los sitios por los que pasábamos oíamos decir: "Ahí van los tutsi…, huelen mal, hay que matarlos, hay que librarse de ellos". Incluso los colegiales más pequeños de las clases de primaria […] nos tiraban piedras y gritaban: "Son tutsi, son cucarachas"».[19] El genocidio había provocado en los supervivientes tal situación de descalabro físico y mental que los testigos sentían asco al verlos. ¡Para verse en un estado semejante, su delito tenía que ser bien grande! La consecuencia que explicaba la causa legitimaba el crimen contra las multitudes.

La descripción de la escara que se abre en el alma de quienes han sufrido una experiencia traumática experimenta también la deriva ideológica de quienes piensan que un monstruo se halla agazapado en el hondón de las infancias magulladas, y que un día u otro el diablo surgirá de su escondite. Los maltratados se convertirán a su vez en padres maltratadores, se enamorarán de sus agresores, y el demonio que los habita les hará cometer atrocidades. El simple hecho de pensar en un sujeto agredido y de representárnoslo únicamente en forma de víctima da una sensación de proximidad entre los dos polos asociados al acto violento. Si se es una víctima es porque se ha estado cerca del agresor. Esta lógica conlleva una sensación de fusión entre el violador y la violada: «Si ella es víctima, es que le ha provocado, ella es un tanto cómplice». Las víctimas son sospechosas, han quedado iniciadas por su proximidad a la muerte. Han sido estrechadas por los brazos del asaltante, hay que desconfiar de ellas y tirarlas al agua en el mismo saco en que se mete al agresor, como en la Edad Media. Esa sensación de intimidad entre los dos seres asociados al acto violento desencadena razonamientos automáticos: toda víctima debería tener vergüenza del Mal que se ha clavado en ella, porque «las deplorables lecciones del vicio dejan en el alma de las víctimas un germen de corrupción».[20] En los tribunales del siglo XIX encontramos una sorprendente perífrasis de aquellos que aún hoy piensan que el Mal se halla agazapado en el alma de las infancias magulladas y que un día el Maligno surgirá de ella: ¡las víctimas son repugnantes!

La credulidad extrema de estos razonamientos lineales queda expresada por los enamorados de la maldición, que sostienen que una herida se transmite a lo largo de varias generaciones y que un secreto provoca una psicosis en la tercera generación. La herida psíquica provoca efectivamente una organización particular de la personalidad del padre, y dicha organización de la personalidad va a rodear al niño. Esto transmite una sombra que provoca un trastorno, pero que también puede suscitar el placer del enigma.

Las ensambladuras afectivas

La resiliencia no se interesa más que en las formas de recomponer estos desgarros traumáticos. Pero, para pensar la resiliencia, es preciso convertir la propia historia en una visión en la que cada encuentro sea una elección existencial. Esta forma de dar un sentido no inexorable a la propia vida es expresión de una capacidad de libertad interior. Esta actitud abre la posibilidad de mil escenarios, con los titubeos, los golpes de suerte y las angustias que provoca toda elección. Las personas que razonan de este modo se sienten a gusto en las culturas de la incertidumbre, en las que pueden «exponer su vida» con facilidad.[21] Esta pequeña libertad es una labor de artesanía en la que cada gesto y cada palabra pueden modificar la realidad que nos arrastra y construir la resiliencia como antidestino.

La formación de la pareja constituye sin duda una elección clave en nuestra existencia. Todos los que han sido descalabrados por la vida traban un compromiso con su pasado, con sus sueños y con su forma de atribuir sentido a los acontecimientos. Su pareja también se hace una imagen de la herida de su cónyuge y de las esperanzas de la unión venidera. Cada miembro de la pareja deberá arreglárselas, crecer, tranquilizarse, pactar y, a veces, guerrear con el mundo íntimo del otro.

Esta ensambladura afectiva e histórica constituye una burbuja sensorial para el niño que va a nacer en ella. Es una envoltura de gestos, de gritos, de risas, de mímicas y de palabras que moldeará sus desarrollos precoces hasta el momento en que llegue, a su vez, a la edad del sexo.

- ¿Cómo se encuentran las almas heridas?
- ¿El modo en que la pareja se entiende refuerza la resiliencia o agrava el desgarro?

- ¿Qué transmiten los padres resilientes a los niños que van a nacer de su unión?

Éstas son las preguntas que nos van a ocupar.

III

CUANDO EL ENCUENTRO
ES UN REENCUENTRO

La maravilla y la lombriz

¿Puede considerarse que la adolescencia interminable sea un signo de desarrollo positivo?

Los niños se sienten más o menos bien, según de qué modo guíe su desarrollo el entorno. Sin embargo, llega un día en que, de pronto, el mundo provoca emociones desconocidas hasta entonces. El niño sabía que una niña no es un niño, que las mujeres no son hombres y que las mamás no son exactamente mujeres. Pero, desde hace unos meses, estas nociones sexuales adquieren una connotación afectiva diferente. De pronto, el cuerpo de las mujeres provoca en los adolescentes emociones nuevas, agradables y angustiosas. Las chicas ven a los chicos con nuevos ojos, y esperan captar la atención de unos jóvenes de los que se burlaban apenas unas semanas antes.

Esta nueva emoción, esta forma intensa de quedar emocionado(a) por el otro, puede atribuirse a la secreción, surgida con la pubertad, de la hormona sexual que convierte al joven púber en un ser hipersensible a un tipo de informaciones que antes resultaban escasamente significativas. Las modificaciones biológicas anuncian la pubertad, pero no explican la adolescencia. El joven, al experimentar de pronto una curiosa apetencia por el cuerpo de otra persona, ha de utilizar todas sus facultades de relación, todo el estilo afectivo que ha logrado reunir hasta ese momento, todas las formas de amar que haya adquirido con anterioridad, para acercarse a la persona a la que pertenece ese cuerpo y asociarse a ella de un modo aún inseguro. La adolescencia no constituye obligatoriamente un momento de crisis, pero es siempre un cambio de orientación afectiva.

El joven que se siente empujado hacia el otro para trabar una relación particular no puede eludir la pregunta: «¿Me aceptará?». En ese momento queda cuestionada la representación de sí mismo que había construido en su interior durante la infancia. Es una representación asociada a la imagen: «Con semejante cuerpo ningún hombre podrá desearme». Y también una representación vinculada a las palabras: «Con mi pasado de niño maltratado, seguramente él (o ella) me rechazará».

Nos hallamos a la espera de nuestro primer amor y la imagen que nos hacemos del otro se perfila en función de la imagen propia que hayamos elaborado en nuestro interior: «Las mujeres son unas hadas que me desconciertan. ¿A quién se le ocurre pensar que una de esas maravillas pueda enamorarse de la lombriz que soy?». Aunque también se puede pensar: «Las chicas son cositas vulnerables a las que voy a utilizar a mi gusto porque soy más fuerte y más resuelto». En cualquier caso, la preparación para el compromiso amoroso hace que entre en juego la representación de nosotros mismos que hayamos adquirido en el transcurso de la infancia. Ante este nuevo compromiso utilizamos nuestra memoria del pasado: «¿Quiénes son mis padres? ¿He sido buen alumno? ¿Tengo facilidad para hacer amigos? ¿Estoy triste? ¿Soy un pitagorín?». La imagen de uno mismo constituye el capital con el que nos implicamos en las elecciones más aventuradas de nuestra existencia: el amor y lo social.

Esta representación de uno mismo se convierte en una fe que determina nuestros compromisos: «Soy malísimo en el cole, soy tonto, así que voy a elegir una profesión para retrasados». Quien razone de este modo prepara su amargura y pone en marcha lo que imagina de sí mismo, de su pasado, de su porvenir. De este modo, un adolescente que se represente en la memoria una historia de pérdidas afectivas reiteradas tenderá a temer el futuro amoroso que desea desesperadamente. Sueña con una chica que le aporte seguridad afectiva, ¡a cualquier precio! Del mismo modo, una chica que haya sido desdichada durante su infancia, y que haya sufrido por ello, se refugia en la violenta esperanza de hacer lo que sea necesario para no volver a tener hambre. La adolescencia constituye por tanto un punto de inflexión, un momento en la andadura de la vida en el que nuestros compromisos dependen de la idea que nos hagamos de nosotros mismos. Es un período sensible[1] durante el cual invertimos, de forma más o menos ventajosa, el capital intelectual, histórico y afectivo adquirido en el transcurso del desarrollo. Pero también es una apuesta por el porvenir y una posibilidad de reorganizar la imagen de uno mismo en función de las personas y los medios que uno encuentre en ese momento.

Adolescencia: curva peligrosa

«Período sensible» no quiere decir «período patológico». Menos del 2 por ciento de los niños tiene depresiones, incluso en los casos en que las condiciones de existencia son difíciles. Un chiquillo cuyos padres sean pobres o estén enfermos puede extraer no obstante de su entorno momentos de amistad, partidos de fútbol y aprendizajes escolares suficientes para ser feliz. Un adolescente tiene que reorganizar su vínculo, desprenderse del vínculo parental, para implicarse en otra relación que será a un tiempo afectiva y sexual. El riesgo que asume es grande, incluso en situación normal, porque deberá abandonar su base de seguridad si quiere evolucionar y proseguir su desarrollo. El número de depresiones aumenta y pasa a ser del 10 por ciento. Los adolescentes no patológicos (90 por ciento) no necesariamente llevan una vida facilísima. La intensidad de las emociones, las expresiones vehementes, afectan a los padres y provocan conflictos en un 30 o un 40 por ciento de los casos.[2] Se trata de un momento sensible y no de un apuro. La relación afectiva puede evolucionar si el medio ofrece la posibilidad de apaciguar las emociones y de implicar al adolescente en un proyecto de existencia.

Para los adolescentes, estos conflictos domésticos no impiden el vínculo. La hiperexpresividad propia de esta edad explica la aparente contradicción entre los sondeos que revelan que más del 80 por ciento de los adolescentes quieren a sus padres, mientras que el 50 por ciento de los hogares viven tiempos borrascosos. Cuando un padre o una madre han adquirido el vínculo seguro, no agravan el enfrentamiento, sino que sosiegan al adolescente y esperan que vuelva a expresar su afecto. Pero cuando el padre o la madre, debido a su propia historia, han puesto demasiada energía psíquica en el joven, se sienten heridos por la vehemencia del adolescente y se consideran descalificados en su papel parental: «He renunciado a una carrera apasionante para no cambiarte de instituto. ¡Y todo para esto!». Así, el conflicto trivial se transforma en una relación dolorosa.

La reorganización afectiva del período sensible de la adolescencia difiere en función del sexo. Hace unos días cogí el barco ómnibus que navega entre Toulon y Les Sablettes. Estaba rodeado por una cuadrilla de jóvenes, chicos y chicas, muy revoltosos. «Yo me ocupo de los de 13 años», dijo uno de los acompañantes. Las chicas se comportaban con unas actitudes de mayorcitas que eran dos veces más acusadas que las de los chicos. Disfrazadas de golosinas sexuales, afirmaban cuanto podían su naciente feminidad: escote marcado y pechos subidos suspendidos sobre un ombligo enjoyado, minifaldas muy cortitas, uñas, ojos, labios, cabello…; todo lo que podía recibir una tonalidad sexual había sido resaltado. En su mentalidad de muchachitas, no se trataba en modo alguno de una incitación al acto sexual, sino más bien de una afirmación intrépida de ciertas ventajas de hacerse mujer. Los chicos parecían endebles al lado de esas chicas mayorcitas. Imberbes, de piel lozana, atentos, se dejaban mimar por las chicas que les rodeaban con los brazos y les reían las gracias. De pronto, los mozalbetes les arreaban un seco puñetazo en el estómago. Las niñas monas, con torpeza, adoptaban una inútil postura de combate, y después se reanudaba la amistad. Una adolescente de 13 años lleva ya dos o tres años en la pubertad cuando se codea con chicos que, en cambio, apenas han iniciado su metamorfosis. En una edad en que la maduración física, afectiva e intelectual desempeña un papel importante en la orientación social esa diferencia es enorme. Sin embargo, por la misma época, se constata una inversión del talante. Los chiquillos, que se mostraban tristones y estaban dominados por las chicas, se vuelven en pocos meses alegres y seguros de sí mismos, a veces demasiado. Por el contrario, las chicas, que se deprimían menos que los chicos antes de la pubertad, se vuelven tímidas, poco seguras de sí mismas, y mucho más ansiosas. Es frecuente que busquen la aprobación de un adulto, lo que facilita su adaptación a toda forma de cultura.[3] Esto equivale a decir que una misma situación tendrá un impacto psicológico diferente en función de la edad y del sexo del receptor. Los chicos, más vulnerables si se produce el divorcio de sus padres, viven dificultades de identificación cuando no tienen padre y buscan situaciones en las que la asunción de riesgos les sirva de prueba iniciática. Las chicas, por su parte, al estar más avanzadas desde el punto de vista físico e intelectual, soportan mejor el divorcio, pero se sienten envaradas cuando se quedan solas con su madre. A veces, estas adolescentes creen hallar su autonomía siendo madres muy jóvenes. En Quebec, a los 16 años, una de cada dos chicas ya ha tenido una relación sexual (mientras que sólo uno de cada cuatro chicos la ha tenido). Entre estas jovencísimas mujeres habrá un 5 por ciento de embarazos.[4]

El compromiso sexual se halla por tanto gobernado por fuerzas convergentes: la edad, la distinta maduración biológica en función del sexo, el contexto familiar y cultural en el momento del encuentro, la historia del joven y la imagen que tenga de sí mismo antes del acto sexual. Un chico de un entorno pobre que viva en un espacio reducido tendrá cierta tendencia a no atribuir importancia al colegio y a elegir un trabajo manual si el contexto social le pone uno al alcance de la mano. Sin embargo, una chica que se sienta envarada por una madre pobre y aislada compensará su fracaso escolar y de relación mediante un embarazo precoz. Esta recopilación de informaciones biológicas, históricas, familiares y culturales describe una población compuesta por adolescentes que se desarrollan sin pasar por experiencias traumáticas pero que viven duras pruebas. El adolescente traumatizado se ve sometido al mismo régimen de fuerzas convergentes, aunque en este caso inciden en una personalidad desgarrada.

Este tipo de razonamiento, al integrar datos de orígenes distintos, se opone a los razonamientos lineales en los que una sola causa provoca un único efecto. Cuando nos sentimos mal tendemos a razonar de forma lineal con la esperanza de encontrar así la solución. Ese tipo de explicación abusiva nos alivia de forma momentánea al resaltar una verdad parcial, pero nos ciega y nos impide ver las demás raíces del mal. Ninguna causa proporciona una explicación total.

El placer que hallamos en el mundo es el que esperamos recibir

Cuando un chico herido alcanza la adolescencia se adentra en la inevitable reorganización afectiva que provocan la secreción hormonal y la contención del incesto, y lo hace provisto de su particular forma de apreciar el mundo. El desgarro de su infancia ha hecho que tenga una sensibilidad preferente hacia un determinado tipo de información. Los niños que se han desarrollado en un país en guerra perciben mejor que los demás el chasquido de la portezuela de un automóvil o la detonación de un tubo de escape. Responden a ese ruido significativo lanzándose debajo de una mesa, y salen de su escondite sin vergüenza ni sentimiento de ridículo, ya que, en su mente, se trata simplemente de un comportamiento de supervivencia. El hecho de haber crecido en un país en guerra les ha enseñado a percibir de forma preferente este tipo de información sonora, que sólo resulta significativa para ellos. Este significante, inscrito en su memoria, sigue provocando esta respuesta en un país en paz en donde el hecho de lanzarse bajo una mesa suscita las ganas de reír, pues ya no se trata de un comportamiento de adaptación.

Este comportamiento, que se observa con frecuencia, permite comprender que nuestra respuesta a un estímulo presente se explica a la luz de las experiencias pasadas.[5] Un bebé «responde a parámetros presentes en la realidad del entorno»,[6] pero a partir de los cinco meses responde a modelos mentales que han quedado cimentados en su joven memoria: los «MOI» (Modelos Operatorios Internos; en inglés: *Internal Working Models*). El bebé aprende muy pronto a extraer de su entorno una forma preferencial constituida, en este estadio, por los estímulos sensoriales que le envía la madre. Tan pronto como esta forma queda inscrita en su memoria, impregna en el niño un sentimiento de sí mismo. Si la madre maltrata al bebé o le manipula de forma brutal, el niño aprende a percibir de modo más agudo las mímicas, los sonidos y los gestos que anuncian el acto brutal. Experimenta el malestar desencadenado por la percepción de un indicio de comportamiento minúsculo y responde a él mediante reacciones de retraimiento,[7] de evitación de la mirada y de mímicas tristes que expresan el humor sombrío que se desarrolla en él.

En el mundo íntimo del niño se forman, simultáneamente, un modelo de sí mismo y un modelo del otro. Más tarde, el niño maltratado sigue respondiendo a esas representaciones aprendidas. Se resiste a los cambios e integra con dificultad las experiencias nuevas que podrían modificar sus modelos internos. Excepto en la adolescencia, ya que éste es un período en el que la inevitable reorganización emocional abre un lapso de tiempo «en el que es posible modificar las representaciones negativas adquiridas durante la infancia».[8] Se trata de un punto de inflexión de la existencia,[9] de un período sensible en el que la emoción es tan intensa que capacita a la memoria biológica para aprender otro estilo afectivo, siempre y cuando el entorno le de ocasión de hacerlo. De este modo, un niño que haya sufrido carencias puede realizar de forma tardía el aprendizaje de una seguridad afectiva de la que se ha visto privado, ya que «el establecimiento de relaciones fuera de la familia de origen puede modificar los postulados del vínculo adquirido con anterioridad».[10]

Bruno no sabía hasta qué punto estaba sucio. Había sido internado en la Beneficencia como mozo de alquería a la edad de 7 años. La granjera le obligaba a dormir fuera, en el granero, sobre un montón de heno, acompañado por un «mayor» cuya edad era de 14 años. Su trabajo consistía en sacar agua del pozo, en encender el fuego y en vigilar a las ovejas. Tras dos meses de chapotear en los jugos del estiércol y de dormir en el granero, los dos chicos se habían cubierto de una mugre tan negra como sus ropas. Un domingo, una señora vino a buscar a Bruno para ofrecerle un día de estancia en una casa de verdad, una especie de padrinazgo.[11] Sin embargo, cuando la generosa señora quiso dar un baño al chiquillo, no pudo contener una mueca de asco. Por primera vez en su vida, Bruno se sintió inmundo. Experimentó un sentimiento de sí como niño sucio, mientras percibía al mismo tiempo el modelo de una alteridad despreciativa, como si hubiera pensado: «Descubro que estoy sucio por la mirada de los adultos simpáticos». A partir de ese día, el niño no se sintió cómodo más que en compañía de chicos marginales junto a los cuales no se sintiera sucio. Empezó a evitar a los adultos simpáticos que le manchaban con la mirada. Al adaptarse de esta forma, Bruno se ubicaba en un mundo de socialización que obstaculizaba su resiliencia.

La obligación de amar de otra forma

En un entorno estable, cuando nada cambia, cuando el estereotipo sostiene que «de un chaval de la Beneficencia no puede salir más que un mozo de alquería embrutecido y sucio», el niño no puede cambiar. Es difícil adquirir otro estilo relacional cuando todo se halla inmóvil en la sociedad y en la consideración de los hombres.

Se quiera o no, la adolescencia abre un lapso de tiempo propicio para los cambios afectivos. El efecto hormonal provoca una reanudación del desarrollo del sistema nervioso, y abre por tanto una nueva posibilidad de que se produzcan aprendizajes biológicos.[12] La contención del incesto obliga al joven a abandonar a sus padres para intentar la aventura de establecer nuevos vínculos sin experimentar angustias incestuosas.[13] Esta reanudación evolutiva es una asunción de riesgo que, como todo cambio, puede ser fuente de progreso o de fracaso. Es un momento de eclosiones, pero también es el período del ciclo vital en el que se percibe un gran número de accesos de ansiedad.

Para comprender qué reglas rigen este nuevo período sensible podemos recordar que los niños que experimentan más placer en pensar y explorar el mundo exterior son los que han adquirido un vínculo seguro. Los adolescentes despiertan esta aptitud aprendida en una etapa precoz para soltar amarras de forma armoniosa con su familia de origen y para intentar la aventura de un nuevo vínculo para sus alianzas.

Al analizar una población de 100 adolescentes constatamos que 60 de ellos habían manifestado tener un vínculo sereno en el transcurso de su infancia. No obstante, 15 sufrirán una caída en esa curva de la existencia y se volverán inhibidos y ansiosos. Paradójicamente, es su entorno el que, por ser fuente de una excesiva seguridad, ha enmascarado la ansiedad naciente e impedido que se afrontara el problema. La saturación afectiva daña un desarrollo de forma tan inevitable como la carencia.

Y viceversa, cuando estudiamos de forma regular a los 34 adolescentes que han tenido un vínculo inseguro en el transcurso de su infancia (de evitación, ambivalente o desorganizado), constatamos con asombro que 10 de ellos han adquirido un vínculo seguro en el período adolescente. Los jóvenes que han realizado la metamorfosis han tejido con una amiga o con un compañero íntimo la base de seguridad afectiva que no habían podido darles sus padres.[14]

La mitad de estos jóvenes que iniciaron con mal pie su andadura explicaron su transformación por el azar de los encuentros, mientras que la otra mitad atribuyó su eclosión a su propia avidez por vivir dichos encuentros. Podemos explicar esta aparente oposición diciendo que el flujo hormonal modifica el mundo íntimo de los jóvenes púberes y los vuelve hipersensibles a unas informaciones que antes percibían de forma soñolienta. La secreción intensa de testosterona en los chicos les vuelve de pronto impacientes, proclives a la acción y de vivas reacciones a la frustración. Por su parte, la secreción más suave, pero variable, de los estrógenos en las chicas las vuelve unas veces verbalmente explosivas, y otras, al contrario, muy tiernas.[15]

Ahora bien, todo período sensible invita a realizar el balance de las propias capacidades para afrontar mejor la nueva prueba. El joven vuelve la vista hacia su propio pasado, se narra su propia historia, o da cuenta de ella ante un tribunal imaginario a fin de comprender mejor quién es y cómo puede implicarse en la vida. Esta tarea permite acceder al pensamiento formal, a una lógica deductiva que, al asociar los datos dispersos, hace que el mundo sea coherente. En ese momento, el adolescente se vuelve ávido de encuentros no relacionados con su familia. Según lo que su barrio y la sociedad dispongan a su alrededor, tendrá más probabilidades de topar con amigos delincuentes o, por el contrario, socializadores. Sin embargo, estas ocasiones no son pasivas, ya que un joven va a buscar en su entorno los hombres y los acontecimientos a los que aspira.

Por último, de los 100 niños estudiados hasta la edad de la adolescencia, 5 de los que arrancaron con mal pie y se vieron en constante situación de angustia se derrumbaron durante este período, superados por el exceso de problemas que tenían que abordar.

Esto equivale a decir que de los 66 niños con vínculo seguro presentes entre los 100 niños de que partía la observación sólo 50 lograrán doblar el cabo de una adolescencia feliz. De los 34 niños que partieron con mal pie, 10 se unirán a éstos en su felicidad. Por el contrario, 16 de los que comenzaron con buen augurio irán a reunirse con 24 de los que arrancaron mal y tendrán una adolescencia crítica.[16] Esto no impide que, después de unos cuantos años difíciles, y dado que la potencia evolutiva es muy intensa, 30 de estos jóvenes con dificultades se estabilicen y reanuden un estilo existencial más fácil y agradable, con lo que se beneficiarán de una especie de resiliencia natural. Sin embargo, 10 de ellos conocerán graves dificultades mentales y sociales. En Occidente la imagen de la adolescencia se atribuye, de forma abusiva, a este 10 por ciento.

Con 10 tragedias, 30 períodos críticos y 60 adolescencias felices, esta juventud está lejos de corresponder al estereotipo cultural que subraya las crisis y el período peligroso.[17] Dado que habla de una verdad parcial, este lugar común conlleva una generalización forzada. No obstante, el 10 por ciento de una población adolescente de 14 millones de niños arroja un saldo de 1,4 millones de jóvenes con problemas.

Dado que la adolescencia constituye normalmente un período de reorganización afectiva en el que cada joven pone en juego lo que ha aprendido en su pasado para implicarse en el porvenir, el proceso de resiliencia encuentra en ese lapso de tiempo un período propicio que pueden aprovechar para reanudar una aventura existencial constructiva quienes hayan vivido una experiencia traumática.

El estilo afectivo adquirido y el sentido atribuido a la herida constituyen por tanto el capital mental con el que el joven se representa su implicación futura, y también el capital mental con el que responderá a ella.[18] Sucede que los adolescentes con vínculo seguro tienen muchos más amigos y una primera relación sexual más tardía (17,5 años), con un número de parejas menos elevado (2 o 3).[19] Los otros adolescentes, aquellos a quienes da miedo expresar sus emociones (los que tienen un vínculo de evitación), los que, por angustia, agreden a quienes aman (los de vínculo ambivalente), los que sólo se sienten bien si aprisionan el objeto de su amor (los de vínculo angustiado), y los que siempre se encuentran desamparados (los de vínculo desorganizado), tienen pocos amigos a causa de sus relaciones difíciles. Se lanzan a una sexualidad mal dominada con la esperanza de encontrar en ella la relación que les falta. Ésta es la población juvenil en cuyo seno encontramos las asunciones de riesgo no meditadas en los chicos, los embarazos precoces en las chicas, las enfermedades sexuales, el elevado número de parejas (7, entre los 12 y los 18 años), la búsqueda de acontecimientos capaces de producir traumas –una búsqueda que les ayuda a identificarse–, y la puesta en escena del teatro de la droga, que por fin les asigna un rol, pero que casi siempre añade una herida más a los desgarros de la infancia. Entre los jóvenes con vínculo de evitación, que bloquean su tempestad interior detrás de la máscara de la inhibición, encontramos con mayor frecuencia unas relaciones sexuales tardías producidas con ocasión de una explosiva e inesperada decisión de pasar a la acción. Sin embargo, también es en el grupo de los jóvenes con vínculos difíciles donde encontramos el mayor número de cambios afectivos capaces de encarrilar un proceso de resiliencia.[20]

El niño mascota y el superhombre

Existen hoy en el mundo 120 millones de niños abandonados que vagan por las calles, sin familia ni estructura educativa. Debemos añadir a esto las negligencias afectivas y los abandonos en el interior de los propios domicilios, unos domicilios de los que los niños huyen para terminar convirtiéndose en mendigos, ya que encuentran en la calle más acontecimientos de vida y de afecto que en el hermoso apartamento, confortable y carente de alma, de sus amables padres.[21] Entre ellos hay una mayoría de casos de pérdida de la socialización y de aparición de alteraciones del desarrollo, pero más del 30 por ciento de esta enorme población consigue retomar un desarrollo resiliente si se da la condición de que la estructura afectiva que han adquirido como consecuencia de sus carencias consiga articularse con la estructura afectiva de otro, ya sea este «otro» un individuo o un grupo.

Nos ha sido muy difícil concebir los maltratos físicos, que, sin embargo, son fáciles de observar, así que encontraremos dificultades aún mayores para percibir las privaciones afectivas. Es difícil ver un «no acontecimiento», máxime teniendo en cuenta que el propio herido tiene dificultades para adquirir conciencia del desgarro.[22] No se trata de un dolor físico, ni de una humillación, ni siquiera de una pérdida desgarradora. Se trata de una pérdida de afecto lenta e insidiosa que descalabra tanto más por el hecho mismo de no ser realmente consciente. Un infortunio, una violación, una guerra, un vínculo quebrado, permiten fechar y dar forma a la agresión. Pero en realidad estamos ante un enfriamiento del mundo, ante una extinción lenta, ante una evaporación discreta y continua de las figuras de vínculo.

Cuando un niño con carencias afectivas llega a la edad del compromiso amoroso con una fisura insidiosa de estas características, experimenta con angustia la llamarada de deseo que atiranta los bordes del mal remendado desgarro. Puede derrumbarse al vivir su primer amor. Por el contrario, el que ha aprovechado el encuentro amoroso para iniciar una metamorfosis resiliente ha conocido con anterioridad las primicias de las defensas constructivas.

Es lo que sucede con los «niños mascota» que encontramos en todos los orfelinatos. Nos hacen reír pese a encontrarse en medio de una situación de angustia. Escriben una poesía y nos la ofrecen a escondidas pese a estar plenamente sumidos en la pesadumbre. Tejen a su alrededor una red de camaradas de su edad y tratan de mantenerla pese a encontrarse en total estado de abandono. Estas defensas constructivas conservan un cierto número de pasarelas afectivas en un mundo en ruinas. Gracias a sus defensas íntimas, estos niños desolados preservan un islote de belleza. El refugio en la ensoñación proporciona unas cuantas horas de placer, algo que los niños desesperados buscan como si tuvieran una cita con una pequeña felicidad oculta: «Venga, rápido, a ver si continúo mi sueño donde lo dejé ayer». Estos niños prevén su existencia mediante proyectos descabellados que les permiten soportar la tristeza de lo real, el basurero de su vida cotidiana. Su necesidad de comprender da forma al mundo exterior, con el que tratan de no cortar los lazos. Quieren verlo y analizarlo para, más tarde, controlarlo: «cuando sea mayor». Esa curiosidad y esa mentalización los mantienen en relación y evitan el naufragio melancólico, del que no obstante se hayan próximos. Su creatividad transforma su sufrimiento en dibujos que exponen, en relatos que expresan y en sainetes que representan, todo lo cual les permite ocupar el lugar de alguien que capta la atención de los demás, de alguien junto a quien vienen a buscar calor los demás chicos del orfelinato.

Los niños mascota que atraen el afecto de los demás no son superhombres pequeñitos, ni mucho menos. Sin embargo, antes de su estrépito afectivo, recibieron de su entorno unas cuantas improntas precoces que lograron grabar en su memoria un rescoldo de resiliencia,[23] como si pensaran: «Noto que es posible amarme porque sé que he sido amado». El desgarro y el rescoldo coexisten en su memoria, como una representación de sí con la que se implican en la aventura amorosa.

Aline me contaba: «Me daba vergüenza no tener padres. Por eso, cuando un chico se me acercaba, mentía. Inventaba unos padres maravillosos y hablaba mucho de ellos. Mentía por razones de utilidad. Decía que me sentía escandalizada por mi factura telefónica para hacer creer que estaba muy solicitada. Soñaba con unos padres maravillosos, con un padre funcionario y una madre ama de casa. Sin embargo, cuando un chico me decía: "Te quiero", le echaba la bronca: "Te burlas de mí", y le agredía».

Por qué hay que abandonar a quienes se ama

Bruno también respondía a una imagen de sí, pero razonaba en términos masculinos: «Antes de la aparición del deseo sexual, ya me sentía atraído por las chicas. No sé por qué, me acordaba constantemente de un acontecimiento que me sucedió a la edad de 10 años. Yo le había robado una cosa a un chico mayor, de 14 años. Me persiguió por el patio del orfelinato y me dio un buen puñetazo en la cara. Me quedé semiinconsciente. Una chica llegó corriendo y me pasó el brazo alrededor del cuello, diciéndome palabras amables. Me he vuelto a acordar muchas veces de esa escena».

De los miles de hechos, cosas, acciones y palabras que nos rodean, casi todo terminará olvidado, se fundirá en el medio que nos envuelve y nos moldea sin que nos demos cuenta. Sin embargo, de repente, surge en nuestra conciencia un escenario cuya acción dramática provoca un desenlace y permanece en ella en forma de recuerdo. Si Bruno se complacía en recordar esta escena era porque para él significaba que las chicas transmitían afecto. Éstas poseían la capacidad de colmar una pérdida, de hacer que se encontrara de nuevo el rastro de un amor desaparecido que ellas sabían reanimar. Por este motivo, Bruno fue un compañero agradable, hasta el día en que la aparición del deseo, al hacer que la relación con las chicas le hiciera invertir demasiada energía psíquica, cambió su comportamiento: «Tengo tanta necesidad de afecto que si me acerco a una chica la situación se me agiganta. Me espanta casi. Las chicas son tan importantes para mí que me parece estúpido decir: "Hoy hace buen tiempo…". A una chica sólo se le pueden decir cosas extraordinarias, y yo no sé decirlas. Tan pronto como me aproximo a una chica me desvalorizo, siento que tengo un aspecto lastimoso. Me digo: "No eres capaz…". Así que, cuanto más la quiero, peor me siento. Para aliviar la tensión, la dejo. Es algo que me desespera».

Esta dificultad para amar que experimentan estos jóvenes se explica por el aprendizaje de un estilo afectivo inseguro. Semejante representación de sí conduce a unas implicaciones que no deben gran cosa a la casualidad: «Sólo me siento feliz en los cementerios o con ocasión de un entierro. El sufrimiento de los demás me enternece. Cuando estoy con ellos dejo de sentirme anormal». La mujer que me decía esto me explicó que había sentido un flechazo por su futuro marido: «Le quise inmediatamente porque era el más triste». Después justificó su elección amorosa hablando de romanticismo, de dulzura, y añadiendo: «Un hombre de belleza melancólica no me asusta. Siento ganas de agredir a los hombres alegres».

La historia desgarrada de los adolescentes con carencias afectivas les lleva a invertir un exceso de energía psíquica en el ámbito afectivo, y precisamente en el ámbito afectivo cuyo sentido resulta para ellos tan difícil que les provoca un temor al otro sexo. «En cuanto me enamoro, me siento fatal», dice un chico con carencias afectivas. «Tengo miedo de las mujeres y me encuentro solo, desesperado», añade. Estos chicos no se atreven a abordar a las chicas que desean. El significado del celibato varía en función del sexo. Para el chico cuya adolescencia agrava el desgarro pasado, el celibato es un fracaso relacional, una desesperación y una soledad. Para la adolescente que acaba en la cama del hombre con el que sólo quería hablar, el celibato es una inestabilidad afectiva, una agresividad provocada por los contrasentidos sexuales.

El hecho de que los chicos se vean abocados a un celibato doloroso, mientras que las chicas se orientan más bien en la dirección de una inestabilidad afectiva y agresiva, es consecuencia de una serie de adaptaciones. Los chicos con carencias afectivas huyen de las mujeres a las que les gustaría amar, mientras que las chicas con carencias afectivas agreden a los hombres que se aprovechan de ellas.

La huida es una adaptación regresiva, no un factor de resiliencia, ya que se trata de una repetición y no de una evolución. Sin embargo, esta vulnerabilidad afectiva sigue conservando su plasticidad. En el transcurso de los años anteriores, los niños con carencias afectivas han conocido con frecuencia un elevado número de instituciones, y en ellas han establecido relaciones de diversos estilos. Han sido mimados, rechazados, glorificados, ignorados, maltratados o adulados, según con qué adultos hayan topado. Algunos niños repetían el mismo estilo afectivo, ansioso o glacial, pero la mayoría cambiaban de expresión en función de la relación. Esa aptitud variable constituye la prueba de que aún es posible aprender a amar cuando el nuevo entorno proporciona la estabilidad afectiva que concede el tiempo que se precisa para cambiar.

Cuando la sociedad dispone en torno de los jóvenes heridos unas cuantas estructuras culturales estables, como lugares de estudio, clubes de encuentro o sueños que puedan ser compartidos, se constata que un gran número de estos heridos del vínculo van sintiéndose lentamente más seguros y se dejan amansar por el otro sexo. La tendencia al celibato es menos importante en los grupos reunidos en torno a un proyecto político o artístico. Los jóvenes con carencias afectivas se implican con mayor facilidad en actividades altruistas que en actividades vinculadas al ámbito de la intimidad. Sin embargo, también se constata que la vulnerabilidad afectiva que había vuelto tan doloroso el encuentro con el otro sexo se vuelve ahora un factor de estabilidad, como si los jóvenes dijeran: «Me ha costado tanto formar una pareja que acepto pagar cara la prosecución de esta forma de amar porque noto que progreso lentamente en ella». Tras un difícil período de constitución, estas parejas quizás sean más sólidas que las de la población general.[24] El adolescente herido acepta de este modo dejarse influir por su pareja porque progresa al estar en contacto con ella. Por el contrario, un adolescente no herido cuya personalidad sea más estable y esté más afirmada viviría el mismo contrato amoroso como un ataque contra su integridad, como un precio excesivo, y se negaría a pagarlo.

Los desfigurados afectivos son imprevisibles porque la inevitable reorganización sentimental que experimentan en el fondo de sí mismos puede orientarles en direcciones opuestas según qué tipo de pareja sexual encuentren. Con algunas de esas parejas lograrán volver a hilvanar un desarrollo interrumpido por el desgarro traumático; con otras, lo agravarán. Estos «antropófagos del amor» han adquirido un estilo afectivo durante el proceso de instauración de la herida de la infancia, pero en el momento sensible de la reorganización amorosa que se produce en la adolescencia, pueden evolucionar o derrumbarse, convertirse en delincuentes compulsivos o en virtuosos moralistas.[25]

El amanecer del sentido difiere en función del sexo

La asimetría de los sexos se distingue con mayor nitidez que nunca durante la adolescencia, ya que «el embarazo puede considerarse como una "crisis" normal de desarrollo»[26] en la que la niña se convierte en la igual de su madre, en la esposa de su marido y en la madre de su hijo. Es un momento en el que su cuerpo de mujer y su condición femenina se ven puestos a prueba: «¿Es mi cuerpo capaz de gestar un niño? ¿Seré madre como mi madre? ¿Puedo contar con mi marido?». Desde hace una o dos generaciones, hay que añadir a estas preguntas la siguiente: «¿La organización social va a aprovecharse de este instante crucial para reducirme a mi papel de madre o me permitirá que prosiga mi desarrollo personal?». Todas las formas de amar se ven cuestionadas por el embarazo: el vínculo adquirido en el transcurso de la infancia, la reorganización amorosa de la juventud y el derecho a seguir queriéndose un poco a sí misma o a renunciar a ello para consagrarse a la familia.

Podemos sostener el mismo razonamiento en el caso de los hombres, cuya implicación física no tiene la misma entidad. Si la madre siente que se desdobla corporalmente en dos cuando imagina al bebé que lleva en su seno, el chico, en cambio, se siente aún más individualizado cuando imagina el modo en que se pondrá al servicio del hogar…, o el modo de su huida. Un gran número de malos tratos conyugales comienza cuando la mujer se halla encinta, ya que el hombre se siente asustado al creer que ella va a construir una prisión afectiva: «Se va a aprovechar del embarazo para avasallarme. Finge que se desvive, y eso le permite controlarlo todo». La angustia de verse dominado provoca una rebelión violenta que, después, el hombre, apesadumbrado, trata de hacerse perdonar, lo que vuelve a conferir a la mujer el poder que él acababa de refutar de modo brutal.[27] En tal caso se pone en marcha un proceso de repetición contrario a la resiliencia.

Este período sensible puede generar una orientación diferente. Muchos jóvenes desamparados, mal identificados, que van flotando a la deriva en dirección a una catástrofe debido a encuentros demoledores con otros drogadictos, otros delincuentes u otros jóvenes desvinculados de la existencia, reanudan una travesía resiliente en el instante mismo en que, al convertirse en padres, el mundo adquiere un sentido nuevo: «Todos los trabajos me aburrían y yo pensaba que sólo los idiotas se dejaban atrapar. Hoy soy feliz, trabajar para ese bebé da sentido a mis esfuerzos. Me necesita. Ahora sé por quién me levanto cada mañana». El bebé ha desempeñado para este joven el papel de la catedral para el picapedrero.

Estas averiguaciones conducen a la idea siguiente: si dejamos a un adolescente herido a solas con su desgarro, tendrá muchas probabilidades de orientarse en dirección de una repetición contraria a la resiliencia. Pero también podemos aprovechar el período sensible que crea la reorganización afectiva de la apetencia sexual o del embarazo para ayudar al joven a dar un giro resiliente. El 28 por ciento de los niños heridos mejora «espontáneamente» en el transcurso de la adolescencia.[28] Esta evolución, aparentemente natural, corresponde en realidad a un encuentro constructivo con un personaje significante desde el punto de vista afectivo, sexual o cultural. Algunos grupos sociales y algunas instituciones, al prestar atención a estos factores de resiliencia, han mejorado claramente esta cifra y superan el 60 por ciento de mejorías.[29]

Incluso en aquellos casos en los que la curva de la adolescencia se ha tomado correctamente, podemos preguntarnos si los efectos resilientes son duraderos. Y podemos responder que, dada la condición humana, ningún efecto es definitivo: podemos «coger» una gripe, inmunizarnos contra el virus y, al año siguiente, volver a caer enfermos. Podemos hacernos ricos y encontrarnos más tarde arruinados. Podemos hacer progresos en nuestro psicoanálisis y unos años más tarde volver al diván para afrontar otro problema. La mayoría de los determinantes humanos no son más que tendencias que nos orientan en la dirección de una determinada trayectoria existencial, en la dirección de un estilo relacional que hace que nuestra andadura vital sea agradable o dolorosa. En cada etapa de la existencia aparecen nuevas fuentes de vida: después del vínculo de los primeros años surge el apetito sexual de la pubertad.

La constitución de una familia se realiza al mismo tiempo que la aventura social. Y más tarde, en los mayores, la edad del sentido permite comprender al fin por qué se ha amado, trabajado y sufrido tanto. Ha sido preciso negociar en cada compromiso. Las situaciones fijas sólo existen cuando los prejuicios impiden representarse las incesantes transacciones que se producen entre el psiquismo, lo real y lo social.

Este conflicto no es nuevo. Durante miles de años se ha venido pensando que la jerarquía social quedaba justificada por el orden de la naturaleza. Los hombres ricos y de buena salud dominaban en lo alto de la escala social porque eran de calidad superior, se decía.

Esos niños no merecen ni el agua ni el pan que se les da en prisión

Durante los años que precedieron a la guerra, Françoise Dolto fue una de las primeras en afirmar que un niño comprende un gran número de cosas mucho antes de ser capaz de hablar. Desde el año 1946, Jenny Aubry se vio obligada a ocuparse de niños en situación de angustia, «dejados» frente a la sección de los niños de la beneficencia del hospital San Vicente de Paúl porque su madre era tuberculosa, delincuente, divorciada o muy pobre. En esta época, en la que triunfaban las teorías constitucionalistas, los individuos eran considerados como cuerpos robustos o endebles. Se pedía a las enfermeras que aseasen a los niños y les alimentaran bien, evitando toda relación afectiva. En semejante contexto cultural, era difícil pensar en el vínculo. Esos niños de cuerpo sano pero de afectividad descalabrada por este pensamiento colectivo «emitían gruñidos o gritos sin mirarse nunca unos a otros. Algunos permanecían inmóviles, otros se balanceaban, otros más lamían los barrotes de su cama».[30] Veinte años después, los numerosos experimentos etológicos venían a explicar hasta qué punto el afecto constituye una verdadera biología periférica, un conjunto sensorial de gestos, de gritos, de mímicas y de palabras que rodea al niño, un alimento afectivo que anonada a los niños que se ven privados de él.[31] Cuando esto sucede aparecen «los síntomas discretos o dramáticos que aquejan al niño separado de su familia y privado de cuidados maternos».[32] Los trabajos de René Spitz sobre la atención hospitalaria, de John Bowlby sobre los niños separados de su madre, de Donald Winnicott sobre la carencia afectiva, de Anna Freud y Dorothy Burlingham sobre los huérfanos y los niños sin familia, han sido enseñados en todas las facultades de medicina y de psicología. «No hay nada decidido de antemano», decía ya Jenny Aubry, que conoció a Anna Freud y trabajó con John Bowlby, psicoanalista, etólogo e impulsor de la investigación en el campo de la resiliencia.[33]

Al principio fue preciso convencer a numerosos responsables administrativos y políticos de que el hecho de no ocuparse de estos niños con carencias afectivas les conduciría a la delincuencia o a una especie de autismo. Y después, súbitamente, la cultura empezó a aceptar demasiado bien este argumento y la carencia afectiva se convirtió en la explicación de todas las alteraciones. Cincuenta años más tarde, algunos pensadores partidarios de la teoría de la condición fija del psiquismo aún siguen atribuyendo un destino fatal a estos niños que comienzan con mal pie y que se hallan estigmatizados por su experiencia traumática. Quienes piensan de este modo se unen al batallón de políticos que dicen: «Esos niños no merecen ni el agua ni el pan que se les da en prisión».[34]

Es difícil establecer una relación de causa a efecto a un plazo tan largo. Si no se hace nada, está claro que un grupo de niños abandonados producirá más delincuentes que un grupo de niños con un buen entorno. Pero ¿la delincuencia arraiga en la carencia afectiva o en la socialización catastrófica de estos niños abandonados? Michael Rutter tuvo la idea de seguir la evolución de un grupo de niños con carencias afectivas debido a que sus padres, enfermos mentales, no tenían la energía necesaria para ocuparse de ellos. Esos niños, privados de afecto pero no de socialización gracias a la ayuda social que recibía su familia, no se convirtieron en delincuentes.[35] Sin embargo, el estilo de su vínculo, notablemente alterado por el sufrimiento de los padres, fue causa de un desarrollo difícil del que algunos salieron bien parados, aunque al precio de una costosa estrategia.

«Sufrí más por la pérdida de amor que por los golpes de mi madre», me decía Carlotta. «El hecho de que no me prestara atención me dejaba sola en el mundo. Ni siquiera podía aprender a desvestirme o a peinarme, dado que ella no me hacía ninguna observación.» Pese a su desesperación afectiva, hay una estrella que aún sigue brillando en la noche de Carlotta: «Me hubiera gustado querer más a mi padre. Él se dejaba querer. Pero no estaba conmigo. Un día, conseguí que me mimase al decir que me dolía la tripa. Mi padre tuvo miedo de que fuese una apendicitis. Yo me sentía feliz al ver su inquietud. Dejé que me operaran. Yo sabía que no era verdad. Tenía ocho años. Hoy me produce angustia conseguir que me quieran de ese modo».

Una constelación que ha perdido una estrella

Cuando se apaga la estrella principal de una constelación afectiva, como sucedía en el caso de esta madre maltratadora, el niño se aferra a toda estrella que conserve algún brillo, pero aprende un particular estilo afectivo.

El maltrato da una referencia de comportamiento fácil de pensar, al menos en nuestra cultura. Sin embargo, cuando el desgarro es de carácter insidioso, las alteraciones del vínculo no son menores. Agathe dice: «Me balanceaba hasta sentir mareos. No podía permitirme el lujo de encariñarme con el ama de cría. Mi madre sentía celos de ella. En casa, mi madre era amable, pero cuando iba a visitar a mi ama de cría se comportaba con sequedad y me daba a entender que querer a esa mujer era una falta grave. Dejé de balancearme el día en que llevaron a mi hermano a casa de esa ama de cría. Mi hermano me decía: "Nos quedaremos juntos y nos casaremos"». El mundo de Agathe se hallaba desgarrado por una opción imposible que la obligaba a privarse a sí misma de afecto para no traicionar a su madre. Esta carencia afectiva, llamada subjetiva porque la madre y el ama de cría querían ambas a la niña, hundía sus raíces en el psiquismo de aquélla, que no soportaba que su hija amase a otra mujer. Por fortuna, en este universo en el que se habían apagado dos estrellas, el hermano actuó como tutor de resiliencia al colmar, pese a todo, el mundo íntimo de Agathe. Esta cercanía afectiva explica por qué hay menos suicidios en la población de gemelos que en la población general y por qué las parejas superan con mayor facilidad las dificultades de la vida que los solteros.

Lo que cuenta es que exista una presencia afectiva. Esta presencia sigue siendo eficaz incluso en el caso de que permanezca muda. Ésta es la razón de que tantos niños con carencias afectivas inviertan un exceso de energía psíquica en un animal de compañía: «Mi perro es el que me reconforta. Pienso en él cuando me siento desgraciada. Le hablo durante horas». Pese a este comportamiento, Joëlle llevaba cinco años casada, pero la presencia familiar del perro había quedado grabada en su memoria como una impronta. La joven decía: «Cada vez que estoy apenada me consuelo a su lado. Es más fácil querer a un perro que a un marido». De hecho, concedía tanta importancia al afecto que el más mínimo déficit de éste provocaba en ella una angustia de pérdida, mientras que su perro, en cambio, siempre respondía cuando ella solicitaba su afecto.

«"¡Hijo mío!", dijo el señor mayor inclinándose por encima de la mesa de su despacho. Oliver se sobresaltó al oír esa voz. Podía excusársele fácilmente, porque las palabras habían sido pronunciadas con bondad, y las palabras desacostumbradas dan miedo. Se puso a temblar intensamente y se echó a llorar.»[36] ¡Charles Dickens nos explica que una bondad poco habitual puede dar miedo! Nos hallamos lejos de los razonamientos lineales en los que, tras constatar que una carencia afectiva causa alteraciones graves, se concluye inmediatamente, con una especie de pensamiento automático, que bastaría con querer mucho para suprimir los padecimientos. La idea que nos propone *Oliver Twist* es muy diferente. Los matices de la vida nos sugieren que un niño desdichado, sin relaciones afectivas, que trabaja diez horas al día en una fábrica de betún de la Inglaterra del siglo XIX, experimentó una gran desesperación al ser objeto de una señal de afecto inhabitual de la que no obstante tenía la mayor necesidad. Carlotta completa esta idea: «Tan pronto como alguien me quiere, le doy tanta importancia, deseo tanto satisfacer a esa persona, que me angustia poder decepcionarla. Por eso rechazo a los que me quieren. Si me rechazan, la angustia desaparece; y así me será más fácil morir». Con sus sencillas palabras, Carlotta me decía que el amor la angustiaba y que el no amor le permitía deslizarse sin angustia… ¡hacia la muerte!

El día en que un hombre la quiso, Carlotta se puso agresiva con él. Después se sintió desesperada por la posibilidad de hacerle desgraciado. Carlotta no comprendía por qué, con lo amable que era con su madre, que la había maltratado, ponía en una situación lamentable al hombre que tanto quería amarla. Carlotta no quería a su madre y adoraba a este hombre, pero, al no haber aprendido a dominar su afectividad, no sabía dar a su pareja una forma de amor aceptable desde el punto de vista relacional. Su amabilidad para con su madre no era más que una estrategia pensada para desarmar al adversario, y su brutalidad hacia el hombre al que amaba no era más que una reacción a la angustia que le provocaba el amor.

Muchos comportamientos sorprendentes son en realidad el resultado de un aprendizaje insidioso de los estilos de vínculo adquiridos durante la infancia. Jean-Marie escribe lo siguiente: «Yo miraba su cuerpo, que por cierto era encantador. Ella me susurró al oído: "¡Oh!, vas a hacerme gozar". Gozar; la palabra me dejó aterrado. Yo desconocía esa dulzura. Me marché corriendo sin preocuparme de su chasco. Si algún día vuelvo a verla le pediré perdón».[37] El tiempo dedicado a aprender a vivir resume en pocas palabras la esperanza que aporta la resiliencia. Siempre es posible aprender a vivir, o volver a aprender a hacerlo si se ha estado muerto. Sólo más tarde será «demasiado tarde».[38]

Unos niños echados a perder, como la fruta

Un niño mimado puede aprender una forma de amar que explotará durante su adolescencia en forma de comportamiento ilógico. Esta malformación afectiva puede atribuirse tanto a una carencia afectiva como a un exceso de cariño. De hecho, sólo se puede hablar de exceso cuando se observa desde fuera una relación entre uno de los padres y su hijo. Como en una película, vemos al padre o a la madre entregados a su pequeño, no pensando más que en él, cubriéndole de regalos y organizando toda su vida adulta en función de los juegos y de los placeres del niño. Sin embargo, cuando tratamos de imaginarnos lo que éste siente, comprendemos que, en su mundo íntimo, ser amado de ese modo es quedar impedido para aprender a amar a otra persona, es una conquista afectiva. El exceso de afecto no es una plenitud, antes al contrario, es una prisión que provoca una especie de carencia. El embotamiento resultante no difiere demasiado de la privación afectiva que experimentan los niños abandonados. La mencionada plenitud genera un empobrecimiento, ya que la abundancia de estímulos provoca una monotonía sensorial que adormece el alma e impide el deseo. La falta de afecto desespera y mata el sentido que ha de tener la vida, pero la prisión afectiva adormece y echa por tierra el placer de explorar: «Cada vez que mi madre se comportaba con amabilidad, yo la mandaba a paseo porque su forma de amar me acorralaba». Este modo afectivo asfixia los aprendizajes de la vida cotidiana: «Cuando me prodigaban demasiados cuidados yo sentía una opresión. Mi madre me cortó la carne hasta los 14 años y mi abuela hasta los 19. Al llegar a la adolescencia, para sentirme mejor, tuve que desanimarlas... Toque fondo, las agredí... Hoy se han hastiado, y me dejan en paz: "Es tu vida". Eso me libera, siento menos peso».

Cuando los niños traumatizados sueñan con convertirse en padres perfectos para dar lo que no han recibido, no saben que no hay nada más imperfecto que un padre perfecto. Un error, un fallo, al soliviantar al niño, le enseñan a tener el valor de plantar cara. Una equivocación de los padres le invita a la autonomía: «A mí me toca, ahora, ocuparme de mí misma, puesto que mi madre se equivoca. Mis padres tenían por mí un afecto desmesurado. Me adoraban. Hubiera preferido que me quisiesen. Me hubiera gustado haber sido mal educada, que me dieran alguna azotaina, así habría podido rebelarme. En cambio, mi vida cotidiana era sosa porque mis padres lo hacían todo por mí».

Cuando un niño sobrevive en un entorno desprovisto de afecto, se convierte en el único objeto exterior a sí mismo. Dado que no cuenta con ninguna alteridad, no existe exterior ni interior y se desarrolla centrándose en sí mismo. El hecho de amar a otro tiene para él el significado de una «angustia de lo desconocido». Cuando, por el contrario, un niño queda cebado por un entorno de plenitud afectiva, también él aprende a convertirse en el centro del mundo, puesto que no tiene necesidad de descubrir el espacio interior de los demás. Tampoco aquí hay alteridad, y por tanto no hay sujeto. El afecto, para él, significa «prisión de lo conocido» e «indiferencia por lo desconocido». Semejante dispositivo afectivo asesina el deseo.

Estos dos atolladeros afectivos, aparentemente opuestos, y que sin embargo emanan en ambos casos de un empobrecimiento, nos llevan a preguntarnos qué es lo que enseñan estas formas de amar a quienes son amados de este modo. Los niños colocados en una situación de aislamiento afectivo terminan siempre por aumentar sus comportamientos autocentrados (balanceos, autoagresiones, masturbaciones). Se adaptan a la privación y sufren menos mediante el recurso a la indiferencia. Una simple presencia no verbal, suficientemente estable para volverse familiar, puede modificar la expresión de sus emociones. Los niños se ponen a vibrar de nuevo y se abren a los demás, a veces incluso con una excesiva intensidad de rabia o de vínculo angustiado.[39] Para poder trabajar en su propia resiliencia tienen que invertir una gran cantidad de energía psíquica en todos los vínculos que establecen con los sustitutos de sus padres, y, más adelante, con sus amigos, con su cónyuge y con sus propios hijos. Esta fiebre afectiva hace que el compañero, la persona con la que se ha establecido el vínculo, quede impregnado de una sensación particular que con frecuencia le exaspera, aunque también puede agradarle, ya que le otorga la función de un tutor de resiliencia.

Los prisioneros del afecto que se han desarrollado en situación de sobrecarga afectiva también se vuelven autocentrados porque no tienen necesidad de invertir energía psíquica en otro. En su caso no hay un trauma visible. No hay ningún estropicio, porque no han construido nada. Es el equivalente de un derrumbamiento traumático, pero sin derrumbamiento. Cuando los que han padecido una carencia afectiva dicen: «Nadie me dio nada y, pese a todo, consigo construirme un poco», experimentan un pequeño sentimiento de victoria, un principio de resiliencia. Sin embargo, cuando los sofocados por el amor piensan: «No me han equipado para la vida… Me lo han dado todo y no he logrado hacer nada con ello», lo que sienten es un sentimiento de devaluación de sí que sólo pueden aliviar agrediendo a los que tienen cerca. La resiliencia es difícil para ellos, porque el agresor, que se desvive por ellos, sólo será identificado más tarde, durante la adolescencia. Como no saben a quién han de hacer frente, se defienden peor y no consiguen estructurar su personalidad más que oponiéndose.

La curiosa libertad de los bebés gigantes

La carencia afectiva enseña una manera de amar que puede evolucionar gracias a los encuentros, mientras que la prisión afectiva impregna una tendencia relacional que parece más duradera. Unos padres vulnerables excesivamente apegados a sus hijos crean unos niños reviejos que se adaptan a esos tutores de desarrollo mediante el expediente de convertirse en padres de sus padres.[40] Sin embargo, cuando lo que rodea al niño es una afectividad de las que llamamos pletóricas, esa afectividad es un síntoma de vulnerabilidad parental que establece los tutores de otro tipo de desarrollo y genera un bebé gigante.[41] Parece que nuestro mundo moderno, a un tiempo técnico y psicológico, induce el surgimiento de esos desarrollos, ya que relativiza la identificación con los modelos parentales y organiza unas familias y unas sociedades de vínculos múltiples y fracturados. La tecnología que faculta a los padres para trabajar a distancia y que organiza unos vínculos breves y variados suprime las relaciones de persona a persona y ya no permite que los adultos impriman su huella en la memoria de los niños. Estos bebés gigantes, bien atendidos desde el punto de vista social y material, se comportan como seres encantadores, ávidos, pasivos y medrosos, y compaginan la dicha del biberón con la furia de la frustración. Esta situación es diferente de la que se produce en un sistema de vínculos múltiples, en el que los lazos, de duración suficiente, se impregnan en la memoria de los niños. En una situación de prisión afectiva no hay más que un vínculo permanente, y éste adormece al niño y le aísla del mundo. Por el contrario, en un desierto afectivo, el niño recibe de vez en cuando una pequeña huella cálida. Ambos sistemas se hallan próximos: el niño no puede sacar de acá y allá más que unas cuantas muestras de afecto.

Como en toda carencia, cuando la aparición del apetito sexual los empuja a buscar el encuentro, estos adolescentes tienen miedo de acabar dependiendo de aquellos que quieren quererlos bien.

John Bowlby ha sido uno de los primeros en intentar comprender este problema paradójico: estos niños que son el «centro del mundo» se desarrollan como niños con carencias afectivas y llegan a la edad del emparejamiento con una actitud de sumisión al otro. Este psicoanalista inglés cita el estudio[42] de un pequeño grupo de veintiséis niños de 6 años que se sentían tan ansiosos que no podían separarse de sus madres. Algunos adultos interpretaban estos comportamientos como una prueba de amor: «Dios mío, cómo quiere este niño a su mamá». Otros se inquietaban: «Siempre bajo las faldas de su madre». Seis de estos niños afectivamente dependientes procedían de hogares estables en los que la madre «se ocupaba del niño en todo». Catorce venían de familias inestables en las que se utilizaba a los niños como a pelotas de ping-pong entre la madre, la abuela, los vecinos, los amigos y los cuidadores profesionales. Once de estos catorce niños habían adquirido un vínculo angustiado debido a la imposibilidad temporal de tejer un vínculo.[43] Diecisiete de los veintiséis niños adquirieron una forma de amar dependiente, bien porque se les aislaba al sofocárseles con el afecto (seis de veintiséis), bien porque se les impedía amar al confiarlos a personas que no podían ofrecerles más que un vínculo intermitente (once de veintiséis), que es lo que favorece nuestro sistema social actual. Al seguir hasta la adolescencia a estos niños que no habían podido aprender el vínculo seguro que permite amar sin perder la personalidad, los investigadores constataron que los jóvenes establecían con sus compañeros y con su primer amor el mismo tipo de vínculo: «Es maravilloso. Lo conoce todo mejor que yo. No puedo hacer otra cosa más que seguirle». ¡Estos adolescentes apocados sólo lograban evitar la angustia incestuosa sometiéndose a un compañero o a un amante! Creían volverse autónomos al obedecer a un compañero, cosa que hacían para desligarse de su familia de origen. Estos adolescentes se infravaloraban: «Sólo me siento seguro cuando estoy con alguien a quien quiero y cuando me amoldo a sus comportamientos y a sus valores ideológicos para seguir a su lado». Todos los adolescentes que habían «optado» por esta extraña autonomía habían sido niños que padecían un temor a experimentar una pérdida,[44] como si hubieran pensado: «Al someterme, me quedo junto a la persona a la que quiero. Me siento seguro(a) y puedo desligarme de mis padres sin experimentar la angustia de verme solo(a) en un desierto afectivo». Una libertad adquirida gracias a la sumisión: ésa es la paradoja de los bebés gigantes. Tal vez sea esto lo que explique la extraña elección de estos jóvenes bien educados y bien atendidos por unos padres generosos, y que, de repente, deciden entrar en una religión integrista o en un partido extremista. Estos jóvenes afirman: «A mi me toca decidir si debo llevar el velo o no», como si dijeran: «Soy libre de encarcelarme». Una minoría de estos adolescentes ha padecido auténticas separaciones, pérdidas repetidas o interminables lutos. Pero la mayoría de ellos ha conocido una infancia caracterizada por la fusión con sus padres, situación que les ha impedido consolidar una personalidad. Después descubrieron el sucedáneo del velo o del eslogan extremista, lo que les hizo adquirir un compromiso social y les permitió alejarse con pena de su familia de origen sin dejar de permanecer por ello en un grupo social próximo. Estos adolescentes, que hallaban su seguridad en un ensamblaje ansioso, no pueden luchar contra el incesto más que por medio de una elección radical: gracias a su sumisión, siempre hay alguien junto a ellos.

La persona con carencias afectivas se supedita a alguien para seguir en contacto con aquel o aquella que se digna quererle. Y quien ha conocido la «plétora» afectiva trata de aferrarse a un vínculo exterior al hogar de origen para alejarse de la angustia del incesto y seguir evitando al mismo tiempo la aparición de la angustia de lo desconocido.

En su teoría de los niños mimados, Freud hablaba de «padres neurópatas que, como es sabido, son propensos a prodigar una ternura desmesurada que despierta con sus caricias las tendencias del niño a la neurosis».[45] No se trata por tanto de un exceso de afecto parental, sino del aprendizaje no consciente de una angustia de pérdida. Hay algo que se transmite en la realidad insidiosa de los actos cotidianos. En ambos casos, aparentemente opuestos, ya se trate de una pérdida real provocada por la muerte, la enfermedad o la distancia, ya de una excesiva inversión de energía psíquica como forma de compensación, esta alteración de la forma de amar provoca un empobrecimiento de lo real sensorial. El «cómo» del comportamiento parental, la forma en que los padres tocan, sonríen, atraen o rechazan, moldea el desarrollo del niño más que el «porqué», que es el que ha producido el aislamiento o la fusión afectiva. Unos «porqués» opuestos pueden provocar un mismo «cómo», y de este modo la actitud regida por esta idea: «Me da vergüenza detestar a mi hijo, así que voy a ocuparme muchísimo de él», genera el mismo universo sensorial que la influida por esta otra: «Sólo me siento bien si me ocupo de mi hijo», o: «Se lo voy a dar todo, porque yo no recibí nada». En todos estos casos, el mundo sensorial que actúa como tutor del desarrollo del niño está alterado.

Para volver a impulsar un proceso de resiliencia en los niños desgarrados por una experiencia traumática insidiosa es preciso actuar tanto sobre el niño como sobre el entorno. Hay que dar seguridad a la madre a fin de que utilice un instrumento diferente a su hijo para tranquilizarse. Con frecuencia es al marido a quien hay que implicar, y para ello habrá que invitar a la madre a descubrir que también él es una persona, y habrá que pedir al hombre que participe en los trabajos cotidianos, de forma que se enriquezca la sensorialidad y se abra la prisión afectiva. «Por tanto, no sólo hemos de tener la esperanza razonable de poder ayudar a quienes han crecido en la inseguridad, sino también la de evitar que esa situación se transmita a otros», escribe John Bowlby.[46]

Los niños hacen las leyes

Ahora bien, cuando la tecnología modifica la cultura, como está sucediendo en todo el mundo, las presiones culturales dejan de estructurar a las familias de la misma forma. La muerte del *pater familias* provoca una inversión de la deuda vital. Ya no es el niño quien debe la vida a los padres, es él, por el contrario, quien da sentido a la pareja parental. Ya no es el padre quien designa lo prohibido, es el niño.[47] Por el simple hecho de su venida al mundo, el niño impide la separación de los padres, o más bien les ordena que hagan un esfuerzo para permanecer juntos. Hace dos generaciones, las mujeres querían dar un hijo a sus maridos. Hoy quieren dar un padre a su hijo. Los valores familiares se ponen en marcha en torno al pequeño. Esta «pasión por la infancia», que organiza los entornos afectivos de los niños estadounidenses y que acaba de poner pie en Europa, produce bebés gigantes de narcisismo hipertrofiado: «Él es quien, desde ahora, posee la autoridad».[48] «El niño empantanado en una separación imposible, obligado a sentirse satisfecho, tapiado incluso por una deuda impagable que le empuja a tratar de alcanzar su autonomía oponiéndose a unos padres irreprochables, sólo va a poder mostrar su diferencia mediante una violencia de rechazo».[49] Esa violencia conduce a veces a situaciones aterradoras que, no obstante, revelan el trasfondo de una cultura que, al desear la supresión de todas las dificultades del desarrollo normal, priva al niño del sentimiento de victoria y provoca en la familia un desastre afectivo: estoy hablando de los padres maltratados.

«Hace diez años, cuando descubrimos estupefactos que había adultos que se encontraban a merced de sus propios hijos debido a las amenazas y los golpes de éstos, nuestro testimonio topó con el escepticismo de nuestros colegas y con la incredulidad del público».[50] Este escepticismo es común en aquellos que no saben ver más que lo que se cuenta en los discursos públicos. Nuestro sistema escolar estimula esta forma de utilización de la propia inteligencia, ya que hace progresar a los que saben recitar. Lo que existe en lo real y no existe en cambio en la representación de esa realidad no puede ser visto por aquellos alumnos que, aplicados en exceso, no perciben más que lo que saben. Los resucitados de los campos de la muerte tuvieron dificultades para relatar lo que había pasado.[51] Michel Manciaux cuenta que los miembros de la Academia de medicina dudaron de que los casos de estos niños maltratados fueran reales. Marceline Gabel y el juez Rosensveig dan fe de sus disputas con grandes personalidades del psicoanálisis que sostenían que el incesto no existía en lo real y que constituía simplemente la realización fantástica de un deseo.

En una sola generación, el fenómeno de los padres maltratados ha adquirido dimensiones mundiales. En Estados Unidos, el 25 por ciento de las llamadas telefónicas dirigidas a las asociaciones contra los malos tratos son llamadas realizadas por padres maltratados. En Francia y en Quebec esta cifra, muy elevada, indica simultáneamente la realidad del hecho y la dificultad de hablar de él, ya que las víctimas sienten la necesidad de pedir socorro pero con frecuencia se niegan a ir a comisaría para poner una denuncia a sus propios hijos. Los primeros que señalaron este problema fueron los japoneses: «[...] hay chicos y chicas que, al llegar a la adolescencia, se vuelven... imposibles».[52] Un niño cariñoso, buen alumno, conformista, cuyo estilo de vínculo parece sereno se vuelve violento de repente después de un incidente familiar de poca importancia. Pega a su madre, exige regalos lujosos y comportamientos de sumisión: «Baja los ojos cuando me sirvas la comida... Arrodíllate cuando vuelva de la escuela». Este comportamiento tan extremista se compagina frecuentemente con «bruscas regresiones infantiles, llantos y exigencias que llevan a los jóvenes a pedir que se les alimente con alimentos líquidos». En Japón, el crecimiento de estos bebés gigantes se explicaba por la intensidad de la conmoción sociocultural que había transformado las estructuras familiares y provocado la inversión de un exceso de energías psíquicas en el niño, adorado en la familia y aterrorizado por la escuela. La tecnología daba a las mujeres más ocio y más poder, y el marido trabajaba más tiempo para ganar más dinero a fin de asegurar a la familia más lujos y comodidades.[53] La conmoción tecnológica y la modificación de las costumbres habían dispuesto en torno al «gran pequeño» un modelo que le conducía a ignorar que su padre trabajaba para él y le hacía creer que su madre se pasaba el tiempo divirtiéndose.

El mismo fenómeno se produjo en China, donde la ley del hijo único había metamorfoseado, a partir de la generación inmediatamente posterior a la entrada en vigor de dicha ley, el desarrollo de los querubines, que pasaron a convertirse en tiranos domésticos muy desdichados. En una sola generación, el número de chicos hiperactivos aumentó de manera increíble, lo que agotó a las personas del entorno. Los niños se volvían obesos y suicidas, desesperados por la ausencia de todo proyecto existencial.[54]

Cuando el amor da derecho a todo

Por regla general, los hermanos y las hermanas establecen entre ellos métodos enérgicos que les enseñan a restringir la expresión de sus deseos. Sin embargo, un hijo único o un niño en el que se haya invertido demasiada energía psíquica pierden este aprendizaje de la inhibición.[55] Cuando el padre se halla ausente, ha fallecido o trabaja demasiado, cuando la madre decide consagrar su vida a su niño grande, los rituales cotidianos que habitualmente enseñan al niño el arte de no permitírselo todo dejan de existir. El acto se convierte en una satisfacción inmediata y deja de ser la preparación de un proyecto. Comer, dormir, disfrutar y pegar llenan a partir de ese momento el mundo mental de un adolescente cuyo entorno ha suprimido los aprendizajes de la inhibición.

Este fenómeno aparece con regularidad a partir de la generación inmediatamente posterior a una gran conmoción técnica y cultural. Las cifras aún son imprecisas, puesto que dependen parcialmente de la definición, pero, en conjunto, se estima que su incidencia se sitúa entre un 5 y un 6 por ciento en Estados Unidos,[56] un 4 por ciento en Japón[57] y un 0,6 por ciento en Francia.[58]

Al agruparnos para poder reunir nuestras observaciones dispersas, hemos terminado constituyendo una población de más de cien padres maltratados por sus hijos adolescentes.[59] Hemos decidido no incluir en esta investigación a los padres maltratados por un hijo psicótico, pues en ellos la imagen del padre es confusa, ni los padres ancianos maltratados por sus hijos adultos, ni a los matricidas ni parricidas, cuyo acto violento no tiene ya oportunidad de repetirse.

Entre la población de maltratadores, el comportamiento de las chicas arrojó resultados prácticamente iguales a los de los chicos (40 por ciento y 60 por ciento, respectivamente). Un equipo de Grenoble no es de este parecer, pues halla un porcentaje de chicos tres veces mayor.[60] El 60 por ciento de los adolescentes maltratadores completó el bachillerato, el 50 por ciento hizo estudios superiores y el 5 por ciento alcanzó el grado de profesor universitario. Tras varios años de infierno, la mayor parte de estos adolescentes maltratadores fueron alejados de su familia al ser ingresados en internados, al pasar a vivir en pisos de alquiler o al alojarse con una familia amiga.

Entre esta población se encuentran muy pocos niños adoptados. Los raros maltratadores adoptados habían tenido un desarrollo afectivo comparable al de los maltratadores de familias naturales. Casi todos habían sido niños conformistas ansiosos antes de convertirse en adolescentes inconscientes de sus crueles exigencias: «insoportables en el seno de la familia y adorables en el exterior [...], llegan hasta la violencia física en su familia y, en caso de que sus padres les castiguen, se quejan de haber sido maltratados».[61] Por consiguiente, lo que establece la diferencia no es la adopción, sino el desarrollo de un niño conformista por ansiedad, un niño que se convierte en un adolescente inconscientemente tiránico.

Los padres maltratados tienen una edad muy avanzada. Casi todos tienen una posición social elevada, con una cifra sorprendente de juristas (30 por ciento), seguidos por los médicos y los psicólogos (20 por ciento). Prácticamente la totalidad de los padres maltratados tenían una sólida titulación y habían anunciado su intención de educar a su hijo de forma democrática.[62] Hemos encontrado un 20 por ciento de mujeres solas, lo cual es mucho, aunque, no obstante, J.-P. Chartier y L. Chartier señalan un 60 por ciento. La variación de la cifra depende del sitio en el que se recoja la información: en una consulta privada, resulta menos difícil que acudan las parejas de padres, mientras que en un centro para adolescentes difíciles, lo más frecuente es que las madres aisladas y desesperadas, tanto en el plano personal como en el social, acudan más por empeño de la Administración que por iniciativa propia.

Amarga libertad. Comedia en tres actos

Cuando una mujer trae un niño al mundo, «la locura amorosa de los primeros cien días» de la que habla Winnicott constituye un momento de captación recíproca en el que madre e hijo «aprenden al otro» con gran rapidez, tan elevada es su sensibilidad. A partir de ese instante, el sistema familiar impide el encarcelamiento afectivo gracias a la presencia de una tercera persona: el padre o la abuela. Más adelante intervendrán la guardería, el colegio y el barrio, y después, durante la adolescencia, la universidad o el trabajo. Una madre supuestamente «sola» puede no estar aislada si, a su alrededor, la vida ha colocado a otro hombre, a una abuela, a unos amigos y a unas instituciones. Esa madre sola no se encarcela con su hijo y ese hogar monoparental no resulta tóxico.

Por el contrario, una pareja parental puede constituir un hogar cerrado, sin rituales, sin invitaciones amistosas, sin aventura social, como se ve frecuentemente en los hogares con transacciones incestuosas. Incluso cuando no hay actos de transgresión, semejante proximidad física y afectiva desprende un aroma incestuoso, crea un ambiente incestuoso del que el joven trata de liberarse mediante el odio o la violencia física.

Todos los adolescentes maltratadores que hemos encontrado habían carecido de una oportunidad para experimentar el efecto de la separación. Llegados a la edad de la apetencia sexual, vivían en un mundo estructurado de manera extraña en el que tenían que realizar una elección insoportable entre un entorno familiar que les protegía hasta la náusea y una aventura social que les espantaba hasta provocarles una parálisis ansiosa. Al contrario de lo que dicta el estereotipo cultural que señala que un niño maltratado se convertirá en un padre maltratador, un gran número de padres excesivamente permisivos y desbordantes de amor habían sido a su vez niños maltratados (el 58 por ciento). Este tipo de parejas parentales, al invertir una gran cantidad de energía psíquica en el niño debido a su propia historia dolorosa, ¡habían construido, sin proponérselo, una cárcel afectiva!

La aparición del deseo sexual obliga a los jóvenes a abandonar a sus padres, ya que, de lo contrario, experimentarían unas angustias aterradoras. Sin embargo, en aquellos casos en los que, en torno a la madre, la cultura ha situado un padre, una familia, un barrio y una sociedad para alejar al joven, invitándole a continuar su desarrollo y a intentar una aventura fuera de su familia de origen, nunca ha habido posibilidad de construir una prisión afectiva. Separado e individualizado de este modo, el adolescente puede seguir amando tranquilamente a su madre, con un vínculo desprovisto de apetencia sexual, y aprender al mismo tiempo a amar a otra mujer de otra manera. La misma andadura seguirá la adolescente que gracias a este proceso de alejamiento, de separación e individualización, no tenga posibilidad de pensar que su padre la desea o que su madre le impide amar a alguien.

Cuando la historia de los padres o el contexto social lleva a los jóvenes a construir un recinto afectivo cerrado, el efecto de separación descansa en el odio. A veces la madre es heroica y el padre sacrificado. Este mecanismo de captura afectiva impide cualquier intento del joven por desligarse de sus padres y fabrica un capullo exasperante, rodeado de un contexto social amenazador. En semejante situación, el adolescente se refugia en el invernadero familiar porque el entorno social resulta amenazador o desértico. Cebado en su carencia dorada, el adolescente no puede experimentar la privación y colmarla mediante sueños, aspiraciones y deseos. Este tipo de realidad asesina la esperanza. El placer de vivir y el valor necesario para luchar dejan de tener interés. Entonces, cuando el joven llega a la edad del sexo, varado en su pasado y carente de sueños de porvenir, los padres pasan a desencantarle: «No me habéis proporcionado armas para hacer frente a la vida, me habéis convertido en una persona que necesita de la Beneficencia», reprocha el joven a quienes tanto le han dado. El bebé gigante, traído al mundo por nuestra cultura técnica y por la idolatría de la infancia, se convierte en un tirano doméstico y en un sumiso social. La amabilidad mórbida de sus padres ha tenido el efecto de una relación de dominación, y esa forma de amar ha provocado en él un contrasentido afectivo: «Mis padres me angustian al dármelo todo. Sólo ellos saben vivir. Yo sólo sé recibir».

Honorine me explicaba que el deseo que impulsaba a su madre a ser irreprochable había hecho surgir en ella el odio, tras el idilio de los primeros años: «Me preparaba un tazón por la mañana y metía mi pijama en el horno antes de que me fuese a acostar. Yo lo esperaba todo de ella. La adoraba. De repente, a los 12 años, la odié. Se me daba mal la ortografía. Era culpa de mi madre, ya que lo esperaba todo de ella. Lo único que tenía que hacer era llevarme a recibir lecciones de ortografía. No lo hizo. Por su culpa se me daba mal la ortografía». José también conoció este vuelco por el que se pasa del amor al odio: «Mi madre lo era todo para mí. Y yo estaba siempre en su contra. A los 12 años noté que invadía mi intimidad: "¡Ya tienes pelos!". Al iniciar mi sexualidad provocó mi repulsión. Tuve que rechazarla. Ella seguía queriéndome, pero a partir de ese día me ahogaba, me angustiaba, era un infierno amoroso. Tendría que haberse muerto para que yo no siguiese teniendo necesidad de odiarla». Veinte años después, Honorine y José descubrieron que el comportamiento invasor de sus padres era consecuencia de su propia historia: «Ni siquiera sabía que mi madre hubiese sido maltratada», me dijo Honorine, mientras José, por su parte, me explicaba lo siguiente: «Yo no les conocía. No sabía quiénes eran. Ignoraba lo que pensaban de la vida. Al llegar a los 25 años, me enteré por casualidad de que mi madre había perdido a su familia durante la guerra civil de España, que la habían encarcelado siendo niña y que había tenido que huir y trabajar de lavandera para pagarse los estudios. Tenía tantas ganas de que yo fuese feliz que nunca me dijo nada. Yo la hubiese querido de otro modo si me hubiera hablado de ello. Al querer protegerme en exceso, me lo estropeó todo...; me lo ocultó todo», añadió, súbitamente perplejo por este lapsus.*

Como en el teatro clásico, la comedia de la cárcel afectiva se desarrolla en tres actos. Después del idilio del primer acto que provoca un empalago identitario, el infierno amoroso del segundo acto escenifica el desesperado y violento intento de autonomía. La amarga libertad se dirime en el tercer acto, cuando la madre dice: «Un día mi hija me pegó. Al día siguiente fui a comprarme joyas, yo que me había pasado 15 años ahorrando hasta el último céntimo para dárselo a ella». Una madre suspira: «El día en que mi hija me abofeteó sentí que algo se apagaba en mi interior... Acababa de rechazar un ascenso de directora comercial en otra ciudad para que ella no tuviera que cambiar de club de baile. Me sentí libre y terriblemente triste».

Las prisiones del corazón

El pronóstico social de los adolescentes maltratadores es particular. Es frecuente que realicen oficios en los que la ley estructura la violencia: juristas, policías o cobradores de morosos. Estos tiranos domésticos, que fueron niños conformistas, se apaciguan, una vez convertidos en adultos, tan pronto como quedan integrados en un sistema cuyos valores puedan aceptar en su totalidad. Se trata una vez más de una forma de sumisión, ya que se adhieren sin la menor crítica a los discursos, a los emblemas, a las reglas del juego que les permiten situarse en un sistema jerárquico. Incluso en los casos en que pretenden ser unos revolucionarios o unos terroristas se someten a un relato cultural que aprenden de memoria, palabra por palabra, evitando todo pensamiento que pudiera darles la libertad de dudar. Tras haber estado sometidos a la captura afectiva de su infancia, se someten por propia iniciativa a un relato en el que se implican con alivio, ya que la cárcel, ya sea afectiva o verbal, les da la seguridad que aportan las certidumbres.

* En francés, las palabras «estropeó» y «ocultó» se diferencian en una sola letra: «...ella m'a tout gâché..., tout caché». *(N. del T.)*

Después de haberse dejado mimar en un hogar excesivamente sacrificado, se someten a una representación social que pretende resolver todos los problemas suplantando a los individuos. La violencia intrafamiliar constituía un intento de autonomía que les permitía luchar contra la angustia incestuosa. Sin embargo, tan pronto como ven superado el peligro, estos jóvenes, tras haberse sometido a la influencia amorosa de sus padres, se pliegan a la cultura que les rodea. Este tipo de evolución es un ejemplo de antirresiliencia, ya que el joven que se ve moldeado de este modo no recupera ni su libertad ni retoma otro tipo de desarrollo. Este itinerario inexorable por el que el sujeto repite lo que ha aprendido permite entender que es más sencillo que un choque traumático –que es fácil de ver y de comprender– ponga en marcha los factores que habrán de permitir la resiliencia que un trauma insidioso inscrito en la memoria, ya que éste es una forma de aprendizaje no consciente que, al inhibir los desarrollos, impide la resiliencia.

«De entre los cincuenta jóvenes que entraron, durante la adolescencia, en una fase de enfrentamiento, de rebeldía y de contestación sistemática, alrededor de una veintena supieron evitar la caída en acciones socialmente inaceptables [...]. Más tarde maduraron, encontraron el camino del trabajo, de la vida de pareja [...]. Olvidan haber expresado tanta agresividad y rebeldía [...], afirman que todo se desarrolló sin problemas [...], ¡y denuncian la poca educación de los jóvenes que les rodean!»[63]

Los que presentan este desarrollo han metamorfoseado sus relaciones mediante un proceso de resiliencia, mientras que los que han sufrido una carencia dorada, como dice Michel Lemay, han repetido su sumisión y adquirido poder a través de un proceso de no resiliencia. El itinerario familiar y social de Adolf Hitler ilustra el periplo de estos sumisos tiránicos.

Lo que caracteriza los primeros estadios de la construcción de la personalidad de Adolf Hitler es el mal funcionamiento de sus orígenes. Neponemuk, su abuelo, era también el abuelo de Klara, su madre.[64] Alois, su padre, aduanero respetado, había tenido una vida privada particularmente desordenada, pues había tenido tres esposas, de las cuales, una era más rica y de más edad que él, mientras que las otras dos eran de la generación de sus hijas. Para que Alois pudiera casarse con Klara fue necesario obtener una dispensa eclesiástica, ya que eran primos hermanos. «Mucho tiempo después de su boda, Klara sigue sin poder desprenderse del hábito de llamarle "tío".»[65] Es probable que esta enmarañada disposición de las estructuras de parentesco, esta «genealogía incestuosa»,[66] haya creado en el ánimo del pequeño Adolf une representación titubeante y mal individualizada.

El hogar de sus primeros años se hallaba inmerso en el dolor de la muerte de los niños. Adolf, cuarto hijo de Klara, fue el primero que sobrevivió. Después de él, la muerte se llevó a un hermano menor. Alois trataba brutalmente a Klara y a los niños, pero pasaba poco tiempo en casa porque su familia no le interesaba en absoluto. La única felicidad de Klara fue Adolf, en quien invirtió toda su energía psíquica: «el afecto y la devoción protectora y asfixiante con que rodeó a los dos supervivientes, Adolf y Paula[67]», se unía al similar comportamiento de Johanna, la hermana menor de Klara, y daba como resultado el exceso de protección de «un niño demasiado mimado por su madre».[68] El médico judío de la familia, Eduard Bloch, aporta el siguiente testimonio: «Lo que más llamaba la atención era su amor por su madre […], nunca he visto mayor apego». Más adelante, en *Mein Kampf*, Hitler precisa: «Yo había reverenciado a mi padre, pero había amado a mi madre».[69] En el momento en que desapareció en su búnker, Hitler aún llevaba encima una foto suya.

Durante la adolescencia, ese período de «trance doloroso», la autonomía de Adolf Hitler se realizaba con tanta dificultad que los profesores se asombraban de los largos trayectos que hacía todos los días entre el colegio de Leonding y la ciudad de Linz para no tener que separarse demasiado tiempo de su madre: «El chico feliz y aficionado a jugar de la escuela primaria se había convertido en un adolescente ocioso, amargado, rebelde, huraño e indeciso»,[70] «su conducta traicionaba claramente la existencia de signos de inmadurez»,[71] escribe Ian Kershaw, el historiador que dispuso de autorización para trabajar en los archivos de Berlín y que, al utilizar esas palabras, acababa de describir a un bebé gigante.

Imaginemos que Adolf Hitler, adolescente pasivo y de repentinas explosiones, hubiera vivido en África, donde un chico de 14 años ha de integrarse en su grupo mediante la superación de una prueba de valor físico, o entre los inuit, con quienes hubiera tenido que cazar y pescar en el hielo y después inventar juegos para socializarse. Supongamos que hubiera llegado a Francia junto con los hijos de los inmigrantes italianos y polacos de los años treinta, entre los que un chico, a partir de la edad de 12 años, debía bajar a la mina sabiendo que rara vez volvería a ver el Sol; en semejantes comunidades, que exigían a sus jóvenes una abnegación física extrema y un gran arte de la relación, el Adolf adolescente habría carecido de valor, ya que no habría adquirido ninguna significación social. Pero en un contexto histórico en el que el pangermanismo proporcionaba organización a unos grupos sociales estructurados por el desprecio y los sarcasmos, ese niño grande «indolente e insolente» fue bien acogido porque se hizo portavoz de una cultura de la arrogancia. El lucimiento del joven Hitler en semejante contexto sociohistórico pone en cuestión el ideal del yo que cada cultura propone a sus jóvenes, los valores que ésta impulsa y que favorecen a las personalidades más acordes con ese discurso social.

Repetir o liberarse

Esta reflexión sobre la antirresiliencia ilustra el fenómeno de la repetición que constatan los psicoanalistas. Y al revés, el proceso de resiliencia consiste en no someterse a los discursos de los contextos familiares, institucionales o culturales que profetizan la desgracia: «Con lo que le ha pasado, ha quedado fastidiado de por vida… No tiene familia, ¿cómo quiere usted que haga unos estudios? Ha sido violada, no le queda más alternativa que convertirse en frígida o en prostituta».

Sin embargo, los psicoanalistas ya habían percibido, desde la década de los cuarenta, el fenómeno de la repetición neurótica que somete al individuo al pasado. Y también conocían el trabajo de liberación que les permite desprenderse de él. La compulsión de repetición es una constatación clínica frecuente por la que determinadas personas no cesan de reproducir la situación que les hace sufrir, como si una fuerza les empujase hacia el siguiente proceso ilógico: «Ella vuelve a esa pandilla en la que la van a volver a agredir sexualmente… Él ha sufrido a causa de los malos tratos y hoy sufre por ser un padre que maltrata». Freud, que fue quien desveló este fenómeno, hablaba de un proceso irrefrenable, de origen inconsciente, que no podía explicarse mediante el principio del placer, ya que esta búsqueda de la desgracia se ponía al servicio de la pulsión de muerte: «violencia absurda de la repetición en las neurosis traumáticas».[72] Se constata, en efecto, que después de un acontecimiento que descalabra algunas personas no logran resolver ya los problemas de su vida cotidiana porque han dejado de saber cuáles son sus capacidades y cómo han de organizarse. Desbordadas, no consiguen ya hacer frente a las situaciones que se ven obligadas a vivir. El trauma psíquico se caracteriza por una permanencia de las imágenes de terror que, durante el día, invaden la conciencia y regresan, por la noche, en las pesadillas. El tiempo se detiene porque el herido experimenta incesantemente el horror, «como si acabara de producirse». Y la persona, a su pesar, repite aquello que la ha hecho sufrir, haciendo que el violentado se vuelva violento, que el humillado provoque humillación. En la mayoría de las ocasiones, este trauma psíquico se difumina cuando el herido vuelve a ocupar su lugar en su familia y en su grupo social. Sin embargo, en un número variable de casos, el trauma persiste y envenena la existencia. El sufrimiento que le sigue adquiere formas diferentes y va de la depresión «trivial», que cursa con desinterés por la vida, una sensación física de abatimiento doloroso, alteraciones del sueño y susceptibilidad a las infecciones, a la aparición de una toxicomanía o de una revivificación del acontecimiento desgarrador, el cual, sin cesar, se impone a la conciencia. Las cifras, por su parte, también varían en función del momento en que se realice la investigación, así como en virtud del lugar y del método empleado para obtener las declaraciones. Se comprueba así que los heridos psíquicos expresan su padecimiento con mayor facilidad por teléfono que en una conversación cara a cara[73] en la que, precisamente, tratan de salvar la cara. En general, lo común es constatar que, seis meses después de un acontecimiento traumático, el 10 por ciento de los heridos padece un trauma psíquico (el 6 por ciento de los hombres y el 13 por ciento de las mujeres). Esta patología ocupa el cuarto lugar en la lista de todas las dolencias psíquicas.

La explicación de este fenómeno depende de la formación intelectual de los profesionales. Los psicoanalistas no se sienten cómodos con la noción de pulsión de muerte.[74] Freud sostenía que iba más allá del principio del placer, y que llegaba al lugar en el que lo reprimido aflora en forma de sueños, de síntomas y de actos. No es imposible que esta explicación corresponda en realidad a la elaboración teórica de una época muy dolorosa de la vida de Freud. Nunca había sufrido tantos fracasos terapéuticos, y, una vez más, ponía en cuestión su propia práctica.[75] Las recaídas de sus pacientes reducían a la nada el efecto curativo de sus interpretaciones psicoanalíticas. La propia cura se transformaba con frecuencia en un beneficio neurótico. Pero, sobre todo, esta noción, concebida por Freud en 1920, después de la guerra, planteaba el trauma como un acontecimiento real y no como un fantasma. En esas terribles circunstancias, Freud trataba de comprender su propio trauma: un sobrino muerto en la guerra, la muerte de Anton von Freund, uno de sus pacientes, con el que había establecido relaciones de amistad, el suicidio de su alumno, Viktor Tausk, y la terrible muerte de su hija Sophie y del hijo de Sophie, a quien quería mucho. ¿Habría teorizado Freud su propia depresión?[76] Al no poder escapar a todos estos sufrimientos, Freud veía repeticiones en todas partes. Desde luego, esas repeticiones eran muy reales: la guerra, la muerte de sus seres queridos, los suicidios de los psicoanalistas, los fracasos terapéuticos, su consulta vacía. Probablemente, Freud se defendió de la desesperación teorizando de forma abusiva, generalizando su versión de la verdad de una época cruel de su vida.

Esto no quiere decir que la repetición no exista, sino que podría comprenderse de otro modo, y que, desde el punto de vista de la resiliencia, no hay que someterse a ella. «Yo corría tan rápido que mi madre no conseguía cogerme. Entonces ella esperaba a que me durmiera y entraba en mi habitación, de noche, para darme una paliza con su cinturón […]. No recibí afecto, así que no puedo darlo a otros. De hecho, no me atrevo a decirle a mi hija que la quiero. Lo que hago entonces es sacrificarme por ella. Digo mediante comportamientos lo que no soy capaz de decir con palabras. Doy a escondidas y sin decir una palabra. Espero que ella lo comprenda.» La repetición de una transmisión desmañada del afecto es una estrategia de defensa que amputa la expresión de la personalidad y altera las relaciones afectivas entre la madre y la hija. Es un contrasentido que afecta al vínculo. En este ejemplo, la madre cae en la repetición al expresar un vínculo de evitación, un vínculo distante, quizás incluso glacial; y lo hace porque no se atreve a expresar su afecto. La hija, por su parte, vive junto a una madre que se coloca en posición de adulto dominado mediante el recurso de consagrarse a su hija y de eclipsarse ante ella. Será preciso esperar a que la hija crezca para que comprenda el sentido de esa estrategia de comportamiento. Y como el desapego de su madre ha convertido a la niña en un bebé gigante, puede pensarse que éste necesitará varias décadas para descubrir el significado de su actitud.

Gobernados por la imagen que nos hacemos de nosotros mismos

Tal vez pudiéramos considerar el problema como una impronta, como un aprendizaje solapado capaz de favorecer una tendencia relacional. En el transcurso de las interacciones cotidianas, el niño ha aprendido a responder a la idea que ha concebido de «sí mismo con los otros». Todo ser vivo reacciona inevitablemente a determinadas percepciones, pero un bebé humano responde también, a partir del sexto mes, a la representación de «sí mismo con los otros» que ha quedado constituida por impregnación en su memoria.[77] Un recién nacido sólo puede sobrevivir si cuenta con figuras de vínculo a su alrededor. Solo, no tiene la menor posibilidad de desarrollarse. En el devenir espontáneo de los hechos biológicos, la figura de vínculo es casi siempre la madre que le ha gestado. Sin embargo, toda persona que tenga a bien ocuparse del bebé, ya sea otra mujer, un hombre o una institución, asume esa función de figura de vínculo, una función compuesta por imágenes, experiencias sensoriales y actos dirigidos al recién nacido. De gesto en gesto, esta realidad sensorial se impregna en la memoria del pequeño y le enseña a esperar que estas figuras de vínculo tengan determinados comportamientos. Una madre a quien su historia, su marido o su contexto social hagan desgraciada irradiará un conjunto de estímulos sensoriales propios de una mujer deprimida: rostro poco expresivo, ausencia de juegos corporales, miradas huidizas, comportamiento verbal taciturno. Inmerso en este baño sensorial que refleja el mundo mental de la madre, el bebé aprende a reaccionar mediante comportamientos de evitación.[78] Al término del primer año, basta con que perciba a esa figura de vínculo desdichada para que espere verse envuelto en las interacciones propias de una madre triste. El bebé no reacciona únicamente a lo que percibe, responde a lo que barrunta, anticipa lo que ha aprendido.

A partir del tercer año, el pequeño, que llega a la edad de la empatía, se vuelve capaz de responder a las representaciones que se hace del mundo mental de su madre, de sus motivaciones, de sus intenciones e incluso de sus creencias: «Una vez más, ella va a creer que he sido yo quien se ha comido el chocolate, cuando ha sido mi hermano». Un bebé que se desarrolla en un mundo glacial espera que los demás le dejen helado. Casi llega a pensar: «Toda relación afectiva provoca frío». Y al revés, un niño que se siente amado se cree amable, ya que ha sido amado. Esa huella en su memoria, producida como consecuencia de la trivialidad de los gestos de la supervivencia, ha dado al niño una representación de sí confiada y amable, una representación a la que responde cuando entabla una relación.

Este aprendizaje genera un estilo afectivo duradero que se sigue expresando al producirse los primeros encuentros amorosos:[79] «Cuando pienso quién soy, cuento con que me desprecie». Pero el joven también puede reflexionar de este modo: «Cuando pienso quién soy, creo que me aceptará». Esta representación de «mí mismo junto a otro» es una construcción que depende de los encuentros, pero que puede evolucionar, como todo fenómeno fundado en el recuerdo, hacia la desaparición, el refuerzo o la metamorfosis.

Atormentados por nuestros recuerdos, nos dedicamos a pulir nuestra memoria

Este tipo de aprendizaje constituye una memoria sin representación y consiste en la adquisición de una soltura corporal o mental que no necesariamente es consciente. Se trata de una memoria procedimental en la que la zona neurológica del córtex que procesa un determinado tipo de informaciones visuales, sonoras o cinestésicas es moldeada por estas informaciones sensoriales. De este modo, el cerebro se vuelve predominantemente sensible a este tipo de informaciones, las cuales, al haber sido percibidas en un estadio precoz, hacen que ese cerebro adquiera la capacidad de percibirlas mejor que las demás.

Podemos aplicar el mismo razonamiento a los acontecimientos históricos que construyen nuestra identidad narrativa. Sin embargo, en este nivel de la construcción de la personalidad, nuestra memoria ya no es biológica, es episódica y semántica, y por lo tanto, forzosamente consciente. Esta «autobiografía» está constituida por recuerdos de imágenes y de anécdotas ubicadas en el tiempo y en la relación. Este tipo de memoria permite una representación de sí que puede evocarse deliberadamente: «Me acuerdo de que a los seis años me buscaban por todas partes: me había escondido para comerme un tomate robado. Tenía toda la cara embadurnada». La memoria semántica está hecha de enunciados más generales: «Siempre he sido malo en matemáticas». Nuestros proyectos existenciales y la forma en que nos compromemos en las relaciones cotidianas responden a estas representaciones de uno mismo. El sujeto responde a esta memoria construida, no al retorno de la realidad pasada. La idea de un guión que recorta determinadas secuencias de imágenes y diálogos se inscribe en el marco del desarrollo de una historia que convierte en metáforas nuestras respuestas emocionales, verbales y de comportamiento, y que confiere una forma narrativa a la representación de sí.[80]

Por un lado, la memoria declarativa, explícita, descansa sobre las estructuras cerebrales de la palabra y de la memoria de las áreas temporales y del hipocampo. Esta facultad neurológica hace que el sujeto sea capaz de ir a buscar en su pasado aquellos elementos de las imágenes que componen el sentimiento de sí mismo y las convierta en un relato. Por otro lado, la memoria implícita no es accesible a la conciencia, ya que se encuentra simplemente trazada, «desbrozada», dice Freud, en el córtex asociativo alrededor de la zona del lenguaje y en el cerebro temporal derecho.[81] Las experiencias preverbales impregnan el cerebro de una sensibilidad preferente que no puede hacerse consciente porque no nos damos cuenta de que percibimos de forma preferente un determinado tipo de mundo: creemos en él porque lo vemos. No puede tratarse del inconsciente reprimido y conflictivo de los psicoanalistas, pero esta impronta que influye en la vida emocional de un individuo mediante la selección de un determinado tipo de información evoca más bien la idea de que nos hallamos ante la «sólida roca biológica del inconsciente», la cual puede surgir de manera sorpresiva, en forma de indicios, de embajadores del inconsciente, cuando soñamos, tenemos lapsus o realizamos actos fallidos.

Este breve razonamiento implica que la memoria procedimental no consciente, inscrita en las neuronas, puede reforzarse o borrarse, de modo que evoluciona como cualquier otro proceso biológico. Sin embargo, los guiones de las representaciones de uno mismo pueden en cambio reorganizarse, volverse a elaborar, como consecuencia del trabajo de la palabra. Cuando descubren un nuevo archivo, los historiadores modifican los relatos culturales que narran las tragedias sociales. Los artistas transfiguran el sentimiento provocado por un acontecimiento traumático mediante la transformación del horror en obra de arte. Una relación íntima, amistosa o psicológica, puede hacer que la representación que una persona se hace de sí misma evolucione. Este trabajo de las representaciones verbales permite reorganizar, en ocasiones de forma íntegra, la imagen de uno mismo y el modo de implicación en la vida social y afectiva: «El relato es el instrumento mediante el cual el individuo trata de forzar su destino».[83] ¡Ésa es la ambición de la resiliencia!

Las tres fuentes de las representaciones verbales (íntimas, familiares y sociales) son accesibles. Se puede modificar un estereotipo cultural por medio de las obras de arte, de las novelas, de las películas o de los ensayos filosóficos. Se puede lograr que un determinado entorno evolucione mediante reuniones de barrio, artículos de periódico, acciones de asociaciones o terapias familiares. Podemos entrenarnos en el dominio de las emociones provocadas por una representación fragmentada y violenta mediante la reorganización de la memoria traumática, mediante la vinculación de sus retazos incoherentes e insoportables. Un escrito, una psicoterapia o un compromiso cultural podrán realizar esta labor de «narración coherente»,[84] que terminará por dar una representación de uno mismo clara, sosegada y aceptada, al fin, por las personas cercanas y por la cultura.

Un mecanismo de liberación

Todos los tutores de resiliencia se hallarán al alcance de la mano si el entorno y la cultura no los quiebran, y si el sujeto herido ha adquirido antes de su desgracia algunos recursos íntimos que le permitan aferrarse a ellos.

Amédée siempre había sido un niño muy amable. Era quizás excesivamente obediente, le preocupaba ser correcto, no llegar nunca tarde, y tener sus cuadernos limpios y la camisa bien abrochada. Curiosamente, este conformismo deshizo su socialización. A fuerza de ser normal, se volvió transparente. No quería a su madre y no lograba desligarse de ella. Su adolescencia se volvió dolorosa a causa del aburrimiento, ya que se hallaba sometido a esa mujer que se ocupaba de todo con tanta destreza que desdibujaba, sin pretenderlo, a su hijo y a su marido. Hasta el día en que Amédée, para sentirse más fuerte, decidió debilitar a su madre. Una noche en que iba a volver tarde después de haber pasado una velada aburrida en casa de unos amigos, la llamó por teléfono disimulando la voz y dijo: «¿Señora B...? La llamo del hospital. Debo anunciarle que su hijo ha muerto». Después colgó y volvió a casa de sus amigos. Sin embargo, desde aquel instante, su ánimo fue alegre, porque imaginaba que su madre era por fin vulnerable. Más tarde, inventó un gran número de torturas similares, todas las cuales le hacían dichoso. Se suicidó en alguna ocasión, anunció a su madre que iba a tratar de curarse un sida que no tenía y declaró que se había enamorado de un camionero de la vecindad al que su madre detestaba. La relación familiar se volvía penosa y, de vez en cuando, estallaba en una tormenta. Hasta el día en que, con ocasión del aniversario del desembarco de las tropas francesas del batallón de Leclerc en Juan-les-Pins, un periódico local relató el comportamiento heroico que había tenido aquella mujer durante la Liberación. Todo el vecindario habló de ello con Amédée, que ese día conoció a su madre. Hasta entonces, nunca había tenido ocasión de saber quién era, dado que sólo la conocía en su papel de sirvienta tiránica. Desconocía su historia porque la vida cotidiana de la casa nunca le había dado oportunidad de pensar que también su madre era una persona. A un bebé no se le habla de política, y después, la vida diaria había encarrilado a este pequeño grupo en una vía plagada de problemas. En las proximidades del hogar de Amédée nunca había habido nadie que contara la historia de la madre, ni primos ni amigos ni vecinos. Fue un periódico el que, veinticinco años después, tuvo que desempeñar el papel de tercero en liza al hacer circular el relato que Amédée tuvo oportunidad de leer. El adolescente imponía silencio a su madre y evitaba entrar en la habitación en la que su padre callaba. Al día siguiente de su lectura, la relación entre Amédée y su madre se había metamorfoseado. Apasionado por la liberación de la Provenza, Amédée leía, se entrevistaba con los testigos del acontecimiento, y después iba rápidamente a hablar con esa mujer, su madre, cuya historia y mundo interior empezaba a descubrir.

El sufrimiento extremo de Amédée y la tortura que había infligido a su madre no habían conseguido más que agravar la incomprensión al poner en marcha una repetición de la relación dolorosa. Fue un acontecimiento ocurrido en la periferia de la familia, un periódico, un relato cultural, lo que provocó el cambio y permitió que se iniciara el proceso de liberación psíquica. Esta antigua noción ya había sido propuesta en 1943 por un psicoanalista inglés. «El ello», decía, «tiene una tendencia repetitiva». Lo que enseña a ver el mundo a través de un anteojo y a no interpretarlo más que en función de un único tema es la impronta traumática, la huella dejada en la memoria. Sin embargo, «hay en el yo una tendencia de restitución que trata de restablecer la situación […]. El retorno a la integridad es una esperanza ilusoria, ya que el acontecimiento traumático ha quedado registrado en la memoria. No obstante, es posible utilizar el trauma en favor del yo para provocar una disolución progresiva de la tensión».[85] Este razonamiento expresa en términos psicoanalíticos lo que dice la neurobiología cuando distingue la memoria implícita que, desbrozada en una de sus regiones, enseña al cerebro una forma de ver el mundo y lo opone a la memoria explícita que produce representaciones de imágenes y de palabras. La liberación permite volver a elaborar, reorganizar, el sentimiento provocado por el acontecimiento traumático real.

Las teorías de la resiliencia no dicen otra cosa. La repetición desempeña un papel clave en la constitución de nuestra identidad, ya que crea permanencias y expectativas: «Cada vez que topo con ese tipo de hombre reacciono de la misma forma: con rabia». Todo aprendizaje puede borrarse con el tiempo o reorganizarse como consecuencia del trabajo de la palabra y de las imágenes. Gracias a la repetición se adquiere la sensación de que, sean cuales sean las variaciones del entorno, seguimos siendo nosotros mismos. Pero gracias a la liberación podemos experimentar de forma diferente esa representación de nosotros mismos. Podemos actuar sobre la cultura para convencerla de que ninguna herida puede justificar la exclusión, podemos invitar a la sociedad a disponer en torno del herido algunos tutores de resiliencia sobre los que éste habrá de tratar de retomar otro tipo de desarrollo. «Los mecanismos de liberación exigen que el sujeto trabaje en profundidad sobre sí mismo: un trabajo psíquico para superar la inhibición y volver a conferir dinamismo a sus potencialidades creativas; un trabajo de restauración de la historia, cuyo resultado lleva al sujeto a situarse como agente de la historicidad; una transformación de su relación con las normas sociales; y una lucha contra las diferentes formas de poder que se encuentran en el origen de las violencias humillantes.»[86]

Entrenarse físicamente para adquirir nuevas capacidades relacionales, trabajar en la historia que constituye nuestra identidad, aprender a pensarse a sí mismo en otros términos y militar contra los estereotipos que dicta la cultura en lo referente a los heridos, éste es, en resumen, el compromiso ético de la resiliencia.

IV
METAFÍSICA DEL AMOR

Ternura filial y amor romántico

«Cuando la aparición del deseo sexual despertó mi sensibilidad hacia las mujeres ni siquiera sabía que ya había aprendido una forma de amar. Me parecían cambiadas, cuando era yo quien las percibía de forma diferente. Además, era la primera vez que veía mujeres. Antes había visto chicas, señoras o mamás…, pero no mujeres. Imbuido de esa desazón que me producía la nueva fiebre, yo experimentaba la sensación de hallarme ante un enigma, percibía una especie de punzada a un tiempo estimulante e inquietante, agradable e incluso un tanto dolorosa. Tenía que comprender la causa de esta nueva emoción, tenía que utilizar mi cuerpo para descubrir con alguna de ellas esa metafísica del amor, ese conocimiento que surge del mundo sensible, como una iniciación. Un conjunto de fuerzas surgidas del fondo de mí mismo trataba de hallar inspiración en los modelos familiares y culturales para descubrir cómo hay que propiciar un encuentro amoroso.»[1]

Dos palabras difíciles de pensar, el «encuentro» y el «amor». Es curioso que nos sintamos orgullosos de esa dificultad. Sobre todo porque en la actualidad hay un gran número de culturas que discuten el valor de los encuentros amorosos. Un matrimonio concertado es más noble, nos dicen, porque conserva las estructuras familiares, rodea de allegados a las parejas jóvenes y transmite los valores del grupo. Ustedes, por el contrario, con su pareja enamorada, dan preponderancia a la elección de las personas. La comunidad se debilita cuando los jóvenes desoyen los preceptos colectivos. Un matrimonio concertado se realiza en el seno de un grupo, y éste lo convierte en un gran acontecimiento social. En tales culturas, el primer acto sexual se convierte en el indicador de un cambio de posición social, en una especie de rito de integración. Por el contrario, en la pareja enamorada se unen dos jóvenes que se toman la libertad de elegirse sin darse realmente cuenta de que se someten a los valores sociales que les animan, lo que quizás constituya una forma subrepticia de matrimonio concertado.

El encuentro no es una palabra trivial. Al contrario, es un aconteci-miento, casi un hecho traumático, ya que necesita de una interpenetra-ción. Cuando nos encontramos nos desviamos, ya que de lo contrario no hacemos más que cruzarnos o evitarnos. Un amor consiste en dos personas que asocian sus deseos en el acto sexual y que conjugan sus estilos afectivos en la vida cotidiana. Este trauma deseado provoca que nos expandamos, que salgamos de nosotros mismos, que nos unamos a otro…, y que corramos el riesgo de que la interpenetración produzca alguna ruptura. Todo encuentro es un desvío que puede conducir a la derrota porque el enamorado (o la enamorada) concede al otro el dere-cho a entrar en su cuerpo y en su alma. De este modo, la combinación de los deseos y de las formas de amar concede al amado el poder de di-latar al enamorado…, o de desgarrarlo.

No hace mucho que nos interesamos en la forma en que el vínculo participa en el amor: el estilo afectivo tiende a acercar a dos personas cuya relación se caracteriza por el hecho de que una reconforta a la otra y le aporta seguridad hasta el punto de darle la confianza suficiente… ¡para desligarse de ella![2] «El primer amor exige una renuncia, una "de-sobediencia" a los objetos parentales edípicos»,[3] que permita lanzarse en pos de otro objeto que, por su parte, acepte el papel de compañero sexual. Se trata de dos procesos de naturalezas diferentes, ya que el vínculo se impregna de forma insidiosa en el transcurso de las interac-ciones cotidianas, mientras que el amor se apodera de la conciencia pa-ra convertirla en un acontecimiento intenso y desconcertante.

La articulación de estos dos fenómenos constituye un enigma: ¿có-mo conciliar el vínculo filial, que impide la sexualidad, con el amor ro-mántico,[4] que nos invita a ella? ¡Estas dos formas de amar se hallan asociadas, y son sin embargo incompatibles, ya que no podemos amar a nuestra madre como amamos a nuestra mujer!

Podemos resolver este problema señalando que los comportamien-tos de ternura de las parejas jóvenes inducen a la sexualidad, mientras que las parejas establecidas no la buscan de forma sistemática. La ter-nura estructura un vínculo afectivo que puede disociarse de la sexuali-dad porque constituye un aprendizaje inscrito en la memoria implícita, establecido en el curso de las interacciones entre una madre y su hijo: se acarician la mejilla, se acurrucan el uno junto al otro, se dan la ma-no, se hablan con «palabras de bebé», se dan nombres de amor, se ha-cen ofrendas de alimento y después, en ocasiones, los gestos derrapan, cambian de significado, sincronizan los cuerpos y los encaminan hacia una actividad sexual. Este mismo encadenamiento sería impensable con nuestra madre. Tan elevado es el sentimiento de horror que esto provocaría que resulta incluso insoportable representarse semejante escena. El amor sucede en el filo de la navaja: dada la extremada cercanía entre la ternura y el deseo, a las que sólo separa un gesto, la menor vibración del cuerpo y de la palabra puede hacernos pasar del éxtasis a la pesadilla.

Los trabajos sobre el vínculo nos permiten comprender hoy que se aprende a amar mucho antes de la edad del sexo. Las observaciones etológicas nos ayudan a analizar cómo se preparan dos cuerpos para este encuentro. Por último, se plantea el problema de las consecuencias de una intimidad que puede constituir el punto final de un encuentro o acarrear, por el contrario, la modificación del tejido del vínculo. ¿Cómo vivir juntos después del acto amoroso? ¿Cómo asociar día a día esas dos necesidades opuestas del amor romántico y de la ternura filial, del deseo que nos arrebata y del vínculo que nos teje?

La crisis amorosa

Hoy sabemos que los estilos afectivos pueden esquematizarse en vínculos seguros, ambivalentes, de evitación y desorganizados.[5] Gracias al método etológico podemos observar las señales corporales que sincronizan el encuentro, la forma en que se conjugan los estilos afectivos. Esa conjugación se produce pese al riesgo de que los estilos evolucionen en una dirección capaz de desgarrar unos vínculos anteriormente bien tejidos, y también se verifica cuando, por el contrario, su evolución los orienta en otra que recosa los desgarros afectivos de la infancia. Parece lógico convertir el primer amor en un acontecimiento fundamental de la existencia, ya que a través de él pasamos de una forma de amar ligada a la seguridad maternal a otra forma en la que la apetencia sexual nos invita a un encuentro que nos socializa. Como ocurre en toda metamorfosis, estas dos formas de amar se hallan en oposición y al mismo tiempo constituyen un continuo: una madre no es un padre, pero tampoco es exactamente una mujer. Mi mujer me aporta seguridad, y por eso me vinculo a ella, pero además ella desea que yo la desee. Toda una constelación de fuerzas converge para propiciar este acontecimiento. Las hormonas permiten la creación de nuevos circuitos neuronales, el estilo afectivo coordina a los miembros de la pareja y el parecer social dicta lo que es posible y lo que no lo es.

La llamarada hormonal y la intensidad emocional del primer amor crean un verdadero período sensible que vuelve particularmente sencillo el aprendizaje del otro. La base biológica de esta impregnación es neurohormonal. Una ausencia de estrés en los humanos aletargados por un exceso de seguridad genera una indiferenciación del entorno. No hay ningún acontecimiento que sobresalga de la rutina, ningún objeto que adquiera relieve. El tiempo pierde sus referencias y la identidad no se construye. A la inversa, un exceso de estrés modifica la propia anatomía del cerebro. Cuando la existencia es difícil, el organismo, desbordado, segrega unas catecolaminas neurotransmisoras y el cortisol procedente de las glándulas suprarrenales. Estas sustancias son captadas sobre todo por las células límbicas de la zona profunda del cerebro. El cortisol provoca un edema de la pared que, al hincharse, dilata los canales. Los iones de calcio se precipitan a través de la membrana y hacen estallar la célula. Esto explica que el cerebro límbico, tras unos años de estrés cotidiano y de una existencia mal soportada, se encuentre con frecuencia atrofiado.[6]

La estimulación sana de un cerebro debe por tanto evitar la seguridad total que aletarga la vida emocional y, en la misma medida, el exceso de estrés que, al atrofiar los circuitos de la emoción y de la memoria, paraliza también la vida psíquica. Como el flujo y el reflujo de las mareas, como los latidos del corazón y los movimientos de la respiración, lo que marca el ritmo de la vida y proporciona la sensación de existir es la alternancia. Esto explica por qué estamos obligados, fisiológicamente, a buscar pruebas de las que podamos salir airosos. De este modo, fabricamos referencias existenciales que nos llenan de euforia, incluso en el caso de que hayan sido difíciles. El organismo, despabilado por un estrés controlable, segrega oxitocina, una sustancia euforizante que se encuentra en gran cantidad después del acto sexual, el embarazo, la lactancia o el anuncio de una buena noticia. Incluso los opioides, pequeñas moléculas de la familia de la morfina, aumentan por efecto de una discusión agradable, un vecindario afectuoso o el hecho de escuchar música.[7]

En este sentido, la crisis amorosa reúne y coordina todos estos factores biológicos, emocionales y sociales y configura con ellos un período sensible tan intenso que resulta posible aprehender al otro e incorporarlo a la propia memoria, aunque corriendo el riesgo de un desgarro traumático. Sin embargo, el enamorado no es capaz de percibir todo lo del otro, no percibe más que lo que el otro muestra, y la parte a la que su infancia le ha hecho sensible. Ésta es la razón de que al decir el amante: «No pienso más que en ella», no haga más que hablar de sí mismo, ya que su mundo íntimo está saturado de la imagen que él se hace de ella.

Declaración preverbal de amor

«Percibí inmediatamente que estábamos enamorados… No… Percibí inmediatamente que podríamos dejar que surgiera el amor. Me disponía a salir de la librería cuando me vi atrapado por su mirada. Es cierto, atrapado, casi poseído. Ella se había apoderado de mí y yo quedé arrebatado. Ella estaba sentada en medio de un grupo de turistas que hojeaban unos libros de arte. Me miró mientras salía. En un instante, comprendí que yo era un acontecimiento para ella. Era hermosa, y su dulce belleza penetraba profundamente en mí. Nos comprendíamos. Entonces, rodeé su mirada con la mía. Era suave e intensa al mismo tiempo. Cruzábamos las espadas de nuestras tiernas miradas como un placer peligroso, un placer cercano a la angustia. Moví la cabeza para decir: "Hola" –se me escapó–. Tenía ya la impresión de unirme a ella, un poco, aunque no demasiado. Pero la intensidad emocional que experimentaba gracias a esa minúscula palabra constituía un gran acontecimiento. Ella exhaló un murmullo que debía significar: "Hola". Estaba seria, y pude oír que su respiración palpitaba. El grupo de sus amigos indicó que había llegado la hora de marcharse. Ella desvió la mirada, y después volvió a dirigirla a mí, con tristeza, mientras se alejaba. Así terminó nuestra historia de amor.»

Esta aventura, que duró lo que dura una mirada, plantea el problema del encuentro amoroso: ¿por qué hay tanta claridad en ese mensaje no verbal? ¿Por qué ella? ¿Por qué ese deleite cercano al trauma? ¿Qué pareja habríamos constituido si, tras el flechazo, se hubiera tejido un vínculo?

Nuestras paradas nupciales son fundamentalmente preverbales. Como todos los seres vivos, debemos sincronizar nuestras emociones y ajustar nuestros cuerpos mucho antes del acoplamiento. Hemos conseguido llegar a creer que eran nuestras palabras las que propiciaban los encuentros. Por desgracia, la etología de la conversación nos demuestra que, incluso en el transcurso de los diálogos más intelectuales, lo esencial de lo que tenemos que decir es comunicado por medio de nuestro cuerpo, sin que nos demos cuenta. Si nos viéramos obligados a impedir el intercambio paraverbal de informaciones mediante la supresión de las posturas, los gestos, las mímicas y los estremecimientos de la voz, seríamos incapaces de comprender nada, ya que la transmisión de información por medio de palabras ¡apenas representa el 35 por ciento del mensaje![8]

Si aceptamos la idea de que hablamos con el fin de influir en el otro para que se vuelva receptivo a nuestros propios afectos, comprenderemos la necesidad de esos pequeños flechazos. En el ejemplo del flechazo amoroso surgido al salir de una librería, el cuerpo de las dos personas transmitió una emoción preverbal que conmovió al otro. Si se hubieran podido hablar, habrían proseguido ese intercambio afectivo y tal vez habrían confirmado el flechazo amoroso. El texto importa poco, lo que cuenta es el contexto. La proximidad sensorial de los cuerpos, autorizada por las palabras, habría continuado el tejido afectivo desencadenado por el pequeño flechazo.

Al contrario de lo que dictan nuestros estereotipos, son las mujeres las que desencadenan casi siempre la parada nupcial del macho humano.[9] Ellas emiten una señal de interés y de disponibilidad, una mirada sostenida, evidente cuando se la percibe, pero difícil de definir. Es raro que los hombres se acerquen a una mujer que no les invite a hacerlo, excepto los violadores o aquellos que, debido a una alteración del desarrollo afectivo, no han aprendido la empatía que les habría permitido la armonización de los deseos. No son los cánones de belleza los que provocan el amor, sino más bien los talentos de los desencadenantes de emociones que poseen las mujeres. Es probable que los hombres hayan adquirido la misma habilidad relacional, pero parece que las señales difieren en función del sexo.

Cuando un hombre padece una enfermedad maníaco depresiva conquista muchos corazones femeninos durante sus accesos de euforia. Sin embargo, en la fase melancólica, cuando su mundo queda desierto porque se vacía, ese hombre deja de percibir las señales emitidas por una mujer interesada. Hay que añadir que nuestro desarrollo afectivo participa en la significación que atribuimos a las señales percibidas. Muchas mujeres que, en el transcurso de su infancia, han aprendido a amar con ánimo grave a un padre triste se ven exasperadas por los comportamientos chuscos de un hombre eufórico o de un charlatán seguro de sí mismo. Al huir de un hombre así, o simplemente al evitarlo, estas mujeres se ponen a resguardo del flechazo que tal vez atraviese el corazón de la que le acompaña, que desea a un hombre alegre que sepa distraerla. En ambos casos, las señales se perciben claramente, pero adquieren una significación diferente en función del desarrollo afectivo de las personas: la mayoría de las mujeres que hayan adquirido un vínculo seguro enviarán señales de interés a hombres alegres y confiados, mientras que las mujeres con un vínculo de evitación se pondrán tensas y lanzarán miradas heladoras a esos mismos hombres.

El flechazo no se produce por casualidad, como el relámpago, y no se abate más que sobre los pararrayos construidos durante la infancia, durante el aprendizaje de los estilos afectivos. Cada uno de los futuros miembros de la pareja ha sido construido por separado, razón por la que el azar que provoca el encuentro se halla en realidad circunscrito, ya que no puede ocasionar el amor de cualquiera por cualquiera. Cada uno de nosotros no puede encontrar sino al objeto que le corresponde, para el cual ha sido moldeado. Cada uno de nosotros es a un tiempo un receptor y un actor susceptible de encontrar a la persona, hombre o mujer, con la que pueda congeniar. Cada uno de nosotros hiere al otro porque lleva en sí algo capaz de tocar la fibra sensible del otro.

Cuando el matrimonio se concierta, los determinantes quedan enunciados de forma clara por la cultura, la religión, la raza o la cartera. Sin embargo, cuando la pareja es una pareja enamorada, las señales afectivas ocupan el primer plano del escenario y las presiones sociales gobiernan en secreto. Cuando una mujer queda conmocionada porque un hombre, al que no conoce, le llega a lo más hondo, trata de calmar su emoción aumentando los pequeños gestos dirigidos a su propia persona: se estira la falda, se acomoda el cabello, levanta la barbilla, abomba los senos y retiene una sonrisa. Sin embargo, con ese mismo movimiento autocentrado, también deja escapar señales de llamada. No se da cuenta de que le mira a hurtadillas, de que alza las cejas, de que acentúa el pliegue de sus ojos, de que pone la mano ante la boca[10] y de que dibuja con su cuerpo emocionado una forma geométrica que hace saber al hombre que aceptará encantada sus primeras palabras. El hombre percibe estas señales, sabe que se están produciendo, pero no sabe por qué lo sabe. Sólo la observación etológica podría explicarle que la emoción que ha provocado en ella se traduce en una enérgica llamada: las pupilas de ella se han dilatado, lo que da a su mirada un aspecto cálido que él percibe con claridad. Los machos, más sensibles a las imágenes, perciben estas señales corporales y responden a ellas mediante verbalizaciones y comportamientos de acercamiento, mientras que las hembras, más sensibles al tacto, viven las primeras palabras como una caricia verbal.

Si las pupilas del hombre se dilatasen, la mujer permanecería indiferente,[11] mientras que, por el contrario, las primeras palabras, la forma de hablar, constituyen para ella una muestra afectiva. En este momento del encuentro, el cómo de la palabra masculina es más importante que lo que diga. El acto verbal mantiene la proximidad que permite que todas las demás formas de percepción sensorial comiencen la coordinación de las personalidades. Por regla general, la mujer es la primera en tocar, pero no toca más que en los sitios socialmente aceptados. Al hablar, como quien no quiere la cosa, deja reposar la punta de sus dedos sobre el antebrazo del hombre. Cuando éste se despide, ella deja languidecer su mano en la de él. Cuando vuelven a encontrarse, ella limpia con rápidos manotazos la chaqueta masculina con un minúsculo gesto que se finge maternal. Ella le roza con su vestido y, en una habitación abarrotada, sus senos, por casualidad, vienen a apoyarse sobre el brazo del pretendiente, empujado por la muchedumbre. Todos estos pequeños contactos significan que ella da al hombre autorización para tocarla en otros sitios, en partes del cuerpo menos aceptadas en sociedad, más íntimas.

El encuentro amoroso no es tan casual como parece. El azar no interviene más que en un conjunto muy pequeño de significantes, como si los enamorados dijeran: «Aquel (o aquella) con quien yo me relacione lleva en él (o en ella) algo que dialoga con mi alma. Él (o ella) ha puesto sobre su cuerpo unas señales que llegan a lo más profundo de mi ser, porque mi historia me ha vuelto sensible a ellas, así que él (o ella) habla mejor conmigo que con otros».

El primer amor es una segunda oportunidad

Las primeras acciones de la coordinación amorosa se realizan por medio de las señales corporales que dan fe de los estilos afectivos adquiridos con anterioridad. Las observaciones etológicas empiezan a explicarnos cómo participa el vínculo insidioso en el amor a primera vista.

La intensidad del instante amoroso y la interpenetración de los estilos afectivos generan un período sensible en el que los aprendizajes, nuevamente exacerbados, permiten que los miembros de la pareja se enriquezcan mutuamente al darse el placer del descubrimiento y la posibilidad de corregir un estilo afectivo que antes se hubiera vivido con dificultad. Sin embargo, este período sensible también puede agravar un estilo afectivo de tejido frágil, o incluso desgarrar un vínculo que antes hubiera sido seguro.

Se trata en verdad de un período sensible en el que se vuelve posible la realización de otros aprendizajes. Es un punto de inflexión de la existencia que a menudo desencadena un proceso de resiliencia, pero que también puede, en sentido contrario, hacer trizas a un compañero cuyo vínculo estuviese bien tejido. La fuerza que orienta el curso de las cosas en un sentido u otro es una conciliación de los estilos afectivos, un conjunto de fuerzas históricas y paraverbales que organiza la forma en que la pareja se mantiene unida. La vida conyugal que se organiza de este modo ofrece una posibilidad de reorganización afectiva en la que cada miembro de la pareja influye en el otro para bien o para mal. Una pareja segura permite que se aprenda un vínculo seguro mal adquirido anteriormente, lo que explica la posibilidad de resiliencia que abre el amor. También desde el punto de vista biológico, la relación amorosa concede una posibilidad de metamorfosis o de cambio de dirección. La intensidad emocional y las secreciones hormonales ejercen sobre el cerebro un efecto que posibilita una nueva apertura de sinapsis, el establecimiento de vías neurológicas que no formaban antes parte de ningún circuito.[12] Se dan todas las condiciones para facilitar una segunda impronta. Después de haber sido marcado por su entorno precoz, que le ha enseñado un estilo afectivo, la relación amorosa concede al joven una segunda oportunidad, una posibilidad de modificar las representaciones negativas de sí mismo que haya adquirido en el transcurso de su infancia,[13] dándole incluso la posibilidad de dejar de ser un delincuente mediante la implicación en un nuevo tipo de socialización.[14]

De lo que aquí se trata, mucho más que de una transición, es de un verdadero punto de inflexión existencial, a veces incluso de una metamorfosis en la que lo biológico, lo afectivo y lo social se conjugan para doblar ese cabo con mejor o peor fortuna.

Una teoría de la resiliencia debe interesarse por tanto en los cambios que se constatan y en las condiciones afectivas y culturales que modifican la receptividad de un organismo. Al crear nuevos períodos sensibles, el sujeto adquiere nuevas improntas y éstas modifican su estilo afectivo. Estos puntos de inflexión permiten el aprendizaje de capacidades relacionales inesperadas e instauran una forma diferente de paladear el mundo. ¡Un estilo afectivo nos ha encaminado hacia un tipo de encuentro amoroso y éste, a su vez, ha modificado el estilo afectivo!

El método de los cuestionarios, mediante el cual se envía por correo una relación anónima de preguntas a las que el sujeto responde si lo desea, permite esbozar una vista panorámica de los encuentros sexuales de la población general:[15] el 16 por ciento de los menores de 24 años y el 22 por ciento de los mayores de 50 años no tuvieron ninguna relación sexual en el transcurso del último año; el 70 por ciento de los mayores de 65 años ha dejado de practicar esta actividad; el 2,7 por ciento de los hombres y el 1,7 por ciento de las mujeres ha tenido varios encuentros homosexuales. Pero lo que nos interesa, a fin de intentar establecer un correlato entre el vínculo y la sexualidad, es constatar que los solteros tienen muchos encuentros sexuales, cosa que resulta comprensible, pero también que los intelectuales cuya sexualidad de pareja es menos ardiente tienen un mayor número de aventuras extraconyugales. Por tanto, puede que el estilo existencial intervenga en el modo en que organizamos nuestra vida sexual. Las flechas que lanza Cupido no se clavan al azar. Los pequeños arqueros del amor sólo apuntan a aquellos que se ofrecen como diana. El azar opera únicamente entre quienes se colocan en la trayectoria del dardo y no dan el pequeño quiebro que bastaría para evitarlo. La razón por la que nos encontramos unos a otros, el mito fundador de la pareja,[16] se convierte así en un organizador de la personalidad de la pareja, de su estilo relacional y de los compromisos que la caracterizan. En los matrimonios concertados, el envite que asume la pareja queda claramente enunciado por la cultura, y los jóvenes se sienten orgullosos de someterse a la ley del grupo. Por el contrario, en las parejas enamoradas, la intención de ponerse a vivir juntos obedece más a razones psicológicas, y las presiones sociales, pese a ser muy poderosas, se vuelven más personales. La elección fundada en el amor ensancha el círculo de lo posible y respeta menos las restricciones sociales.

Rescoldo afectivo y plomo familiar

Durante años, Georges se extrañó de la intensa y dulce emoción que había sentido en su juventud al ver a un padre ocuparse de su hijo. Recordaba la escena con frecuencia, sin más, por gusto. Un día, en una estación de esquí, había mucha bruma y Georges se detuvo en lo alto de un repecho para recuperar el aliento. Más abajo, vagamente dibujado en la agrisada blancura de la niebla y la nieve, había visto a un hombre, sin duda un padre, que ajustaba la bufanda de su hijo para después, seguido por el niño, volver a deslizarse y desaparecer poco a poco. El hombre era muy fuerte, esto es importante porque de ahí provenía el placer que había experimentado Georges. El padre había dedicado su fuerza un tanto bruta a una tierna relación con su hijo pequeño. Después de aquello, Georges había ido a buscar con mucha frecuencia esa imagen en su memoria y le había extrañado comprobar el placer que le procuraba.

Él había pasado su infancia en una familia fría en la que nunca se hablaba. El padre no dejaba escapar una sola ocasión de desaparecer. La madre, callada y agobiada, rechazaba a Georges con un bufido irritado cada vez que el niño trataba de acercarse a ella. Su hermana menor rompía todo cuanto podía y se escapaba de la mañana a la noche. Esa vida cotidiana transcurría en un ambiente melancólico y silencioso. La niña había aprendido a la perfección el vínculo de evitación. Ella sufría sin una queja el vigor de los gestos de la madre que la zarandeaba sin decir una palabra para encargarle las tareas. La defensa de la niña consistía en no permitirse quererla y, como pensaba que no había que depender de los demás, en entrenarse a no llorar, con lo que se encerraba en un mundo hermético del que sólo salía para fugarse.

En este ambiente plomizo, Georges paladeaba los escasos instantes de calor afectivo que iba a buscar fuera de su hogar. Cuando hacía la compra hablaba durante mucho tiempo con el verdulero, llevaba la leche y el periódico a su anciana vecina, que tenía dificultades para subir los cuatro pisos de su casa, soñaba con fundar una familia cuando fuera mayor, una familia en la que se hablara mucho y en la que todos rieran juntos. Durante la adolescencia, fantaseaba con una escena en la que se metía en un saco de dormir en el que le esperaba una mujer. El simple hecho de hallarse juntos, caldeados por el plumón del saco, bastaba para hacerle feliz. Durante los dos primeros años de su vida, sus padres le habían dejado en manos de una cuidadora muy alegre con la que es probable que el niño, al desarrollarse, hubiera visto impregnarse en su memoria un estilo de vínculo seguro que le había dado a conocer el placer del encuentro. Cuando nació su hermanita, la madre se quedó en casa para ocuparse de los dos niños y había vuelto a traer a Georges consigo. Entonces se vertió en su pequeño mundo el plomo de lo cotidiano. Sin embargo, el niño, que había conservado en la memoria el gusto por las relaciones dichosas, iba a buscar en casa de la vecina anciana y junto al verdulero unos cuantos instantes de calor afectivo. La simple presencia de las chicas le procuraba esa dicha y tal vez explicara la fantasía del saco de dormir, ya que la sexualidad le inquietaba al evocar el riesgo de una familia callada y tediosa. Georges se decía a sí mismo con toda claridad, e incluso se repetía, que si una chica tenía un hijo con él, él nunca podría abandonarla, aunque fuesen desdichados juntos. La excesiva inversión de energía psíquica definida por semejante compromiso le asustaba, y prefería renunciar a todo acto sexual, ya que lo percibía como un peligro. Las chicas le apreciaban, porque era un muchacho atractivo que hablaba de forma alegre y que no las importunaba con audacias sexuales. Algunas pensaban incluso que no las importunaba lo suficiente, pues mantenía la camaradería al no responder a las señales femeninas de invitación sexual.

Hasta el día en que Georges, en esa pendiente nevada, al ver la ternura con que se comportaba el forzudo con su hijo, cayó víctima de un flechazo no sexual sino prodigiosamente afectivo: «Así que es posible ser padre de esa forma. Ése es mi sueño». Las casualidades de la vida habían puesto ante sus ojos una escena que representaba el tema de su vida afectiva: «La sexualidad adquiere sentido y deja de infundirme miedo si una mujer me permite convertirme en un padre así». La evolución de Georges, compuesta por un rescoldo afectivo y por el plomo familiar, le había hecho sentir avidez por esa escena parental, una escena que habría hecho reír a la mayoría de los chicos de su edad.

El flechazo que Werther sintió al conocer a Charlotte tampoco era sexual porque el joven se enamoró de ella al verla cubrir de mantequilla unas tostadas para los niños: «De pronto tuve ante mis ojos el espectáculo más encantador que hubiera visto en mi vida: ella sostenía un pan de centeno y cortaba para toda la gente menuda unas rebanadas que distribuía a su alrededor».[17] Werther, al igual que Georges, percibe en lo real la escena que corresponde a lo que espera ardientemente. Esta secuencia constituye un acontecimiento que le llega a lo más hondo, cuando, por el contrario, haría reír a su compañero.

Ya sólo falta tener un hijo, problema que no consiste más que en el encuentro de un óvulo y un espermatozoide. Sin embargo, una vez traído al mundo, ese niño tendrá que desarrollarse en un entorno sensorial de carantoñas, balanceos, comidas, limpiezas y caricias verbales. En este caso, el problema estribará en el encuentro de dos estilos afectivos y en el modo en que se mezclen las formas de amar de los padres.

Alquimia de las formas de amar

Cuando se forma una pareja, tiene que surgir a un tiempo el deseo y la voluntad de establecer un vínculo. Ahora bien, en el transcurso del desarrollo del niño, el aprendizaje de estas dos formas de amar ha tenido un carácter disociado e incluso conflictivo, ya que el adolescente sólo puede sentirse cómodo si deja brotar el deseo en un lugar distinto al de su familia de origen. Cuando este joven se convierta en padre, el campo sensorial que ofrezca tutores de desarrollo al niño estará constituido por la combinación de los estilos afectivos de los padres. Ahora bien, ciertas combinaciones amenazan la integridad de uno de los miembros de la pareja, mientras que otras permiten que se retome la evolución de un vínculo que anteriormente había sido mal tejido.[18]

Supongamos que el señor Seguro se casa con la señora Segura. Tejerán entre ambos un vínculo de carácter ligero, lo que no quiere decir que sea superficial. Se querrán mucho, profundamente tal vez, pero el vínculo será ligero porque cada uno de ellos habrá adquirido en su infancia la confianza fundamental, la que proporciona el placer de descubrir al otro y de amarle tal como es. Estas parejas comparten felizmente la vida cotidiana, se separan por un tiempo si es necesario, pero se reencuentran con gusto para contarse sus aventuras sociales.

El señor Angustia tendrá pocas posibilidades de conocer a la señora Angustia, ya que ninguno de los dos sabrá ponerse al alcance de las flechas de Cupido. Estorbados por sus sufrimientos, ambos se debatirán sin cesar para soportar el instante sin soñar con el porvenir. En cambio, a veces sucede que la señora Angustia conoce al señor Ambivalente, que ha adquirido el deseo de reparar a una mujer. Puede suceder que el señor Temoperder conozca a la señora Medisgustalavida y que esa alianza les permita evolucionar: la simple presencia estable y apagada de ella le da seguridad a él, lo cual vuelve más dinámica a la mujer. La formación de parejas genera muchas otras combinaciones.

Laurent quería mucho a su madre, de la que se avergonzaba. Ella era pobre, mayor, iba mal vestida y su delantal siempre estaba mojado. Cuando venía a buscarle al colegio, el niño le pedía que se mantuviera alejada de las demás madres, jóvenes y guapas. Sin embargo, le gustaba acurrucarse junto a ella y soñar que un día él la haría feliz.

La extrañaba cuando no estaba con él, pero la rechazaba para no tener que compararla con las demás madres. Llegó a la edad de emparejarse con esta ambivalencia adquirida en el transcurso de su infancia. Cuando le amó una mujer, la rechazó y volvió a descubrir que tenía necesidad de su permanencia afectiva para estabilizarse. Entonces la volvió a llamar. El día en que creyó perderla, le pidió que se casara con él. Ella no amaba la vida, tenía miedo de salir y vivía cualquier encuentro amistoso como una terrible prueba. Ella temía la existencia, él sufría por la pérdida: constituyeron por tanto una pareja estable. Para evitarle el temor que le infundía la vida, él se ocupaba de los problemas sociales. Ella le permitía no sufrir por la pérdida al manifestarle que siempre estaría con él. Dado que se sostenían mutuamente, lograron realizar unos buenos estudios y tuvieron cuatro hijos, de los que ella se ocupó estupendamente, ya que le procuraban una coartada perfecta para evitar la aventura social. Y en cuanto a él, poco a poco, al beneficiarse de la seguridad afectiva que le garantizaba su mujer, adquirió tardíamente el vínculo confiado que no había podido darle su desdichada madre. Entonces, tras adquirir seguridad y encontrarse curado gracias a su mujer, decidió abandonarla.

Estas parejas en las que uno actúa como terapeuta del otro no son raras. Se comportan como parejas respetables siempre y cuando sus miembros puedan volver a negociar los términos de su contrato, ya que si, por desgracia, son felices, dejarán de tener razones para seguir viviendo juntos. Los recursos internos de Laurent se vieron modificados, mejorados, por la permanencia afectiva de su mujer. Gracias a ella, adquirió el vínculo seguro que le dio fuerzas para amar de otra forma… ¡a otra mujer! Gracias a él, ella había evitado el miedo que le producía el mundo social, pero no había aprendido a afrontarlo. Si hubiera sido un marido menos amable, si se hubiera ocupado menos de ella, si no hubiera estado tan pendiente de zanjar los problemas cotidianos,

Laurent habría permitido que su mujer aprendiera a ser más sociable, y tal vez la pareja hubiera vuelto a negociar su estilo tejiendo un vínculo más ligero.

El primer amor es una segunda oportunidad, el segundo amor es una tercera oportunidad, y los amores posteriores son una desgracia, porque no dan tiempo suficiente a que surjan otros aprendizajes.

Lo real está en constante evolución, ya se trate de lo real ecológico o de lo real biológico. Razón de más para afirmar que el sentimiento provocado por una representación de imágenes o de palabras es algo que realmente se experimenta, aunque en este caso podamos actuar sobre esa realidad. Está efectivamente en nuestra mano grabar imágenes en la memoria, componer el argumento, disponer la escena, reflexionar sobre el contenido o hablar de él, a fin de trabajar esa representación y modificarla. Ahí es donde reside la posibilidad de resiliencia. El psicoanálisis la ha utilizado en una convención relacional que podemos ampliar a los demás ámbitos de la existencia: «la evocación de episodios anteriormente inaccesibles para permitir una "resolución" de los recuerdos: ese trabajo permitiría reducir la activación afectiva, evitar la repetición de las respuestas inadecuadas y favorecer la emisión de nuevas respuestas».[19] La teoría del vínculo añade otras dos contribuciones a la solución psicoanalítica, subraya la modificación de la memoria, como toda teoría biológica, y añade el trabajo de las representaciones íntimas y sociales que resulta posible asumir.

La alianza de los estilos afectivos de la pareja se realiza desde los primeros encuentros, cuando uno y otro miembro de la pareja, al percibir al otro, esperan obtener de él la satisfacción de una necesidad y de un deseo: «la imagen memorizada de una determinada percepción queda asociada con la huella memorizada de la excitación resultante de la necesidad. Tan pronto como vuelve a surgir esa necesidad, se producirá, gracias al nexo que se ha establecido, una emoción psíquica que tratará de volver a utilizar la energía psíquica de la imagen memorizada de esta percepción [...], de establecer la situación de la primera percepción [...], la reaparición de la percepción y el cumplimiento del deseo».[20]

También podríamos decir: «Lo que yo percibo del otro despierta las huellas de mi pasado y provoca mi necesidad de volver a hallarlas. Me implico en la pareja que he constituido llevando como bagaje mis sueños de futuro y mis cuentas pendientes. Con este capital de recuerdos, de emociones y de deseos firmamos el contrato implícito que constituirá el tema de nuestra vida familiar».

Cuando el señor Sexoglacial conoció a la señora Temoalsexo, ambos percibieron enseguida las señales de comportamiento que les permitían esperar que sería posible coordinar sus mundos íntimos. El señor Sexoglacial había adquirido ese estilo envarado en una familia fría caracterizada por los comportamientos de evitación. Y la señora Temoalsexo había conservado de su infancia angustiada un vínculo inseguro al que nadie había conseguido conferir seguridad. Su alianza reforzó esos aprendizajes afectivos, ya que cada uno de ellos veía que el otro expresaba el significante de comportamiento que mejor le convenía.[21] Se casaron, formaron una pareja estable, no fueron felices y tuvieron un único hijo, engendrado sin placer después de una de sus raras relaciones sexuales.

La alquimia de los estilos afectivos no siempre es tan triste, a veces se obtiene incluso el beneficio de un contrato difícil, como nos permite comprender el caso del señor Patadepalo y la señora Todolotemo. Él había perdido una pierna en la guerra, y la fobia de la señora Todolotemo había transformado esa desventaja en un beneficio. Dado que él tenía dificultades en sus desplazamientos, ella decidió consagrarse, con gran aparato de declaraciones públicas, a la discapacidad de su marido. En vista de que él caminaba con paso inseguro, ella le sostenía. Como él no soportaba el sol, ella velaba para que llevase siempre su sombrero. Y lo que le permitía no fallecer esa misma noche era que ella le llevara todos los días un zumo de naranja. Ella hacía que le trajeran los comestibles a casa y encargaba las compras por teléfono porque el más mínimo olvido habría apagado el soplo de vida del señor Patadepalo. Nosotros admirábamos mucho a esta mujer, ¡y el señor cura decía que hasta podría hacerla santa! Su marido, que se veía así protegido, no sólo sobrevivía, sino que, por no tener posibilidad de distraerse, trabajaba sin cesar, consiguiendo alcanzar así un excelente éxito social. Hasta el día en que la señora Todolotemo tuvo una embolia y murió. El marido, sin duda, iba a seguirla a la tumba, un soplo de vida… ¡pues nada de eso! Sintió una pena profunda, y, para luchar contra la tristeza, se compró un coche y se marchó a correr mundo, ¡sin sombrero ni zumo de naranja!

A veces, la alianza no beneficia a uno de los miembros de la pareja más que en caso de que no se encuentre bien. El señor Onoff quería mucho a la señora Juntoaél, pero no conseguía comprender lo que llamaba sus «fallos eléctricos». La metáfora le había venido a la cabeza porque era químico y para él todo estaba claro: se amaban o no se amaban, las cosas estaban «*on*» o estaban «*off*». Por desgracia, sólo había corriente cuando la señora se sentía ansiosa. Por fortuna, ella sentía con frecuencia fuertes accesos de angustia, en el transcurso de los cuales sólo experimentaba alivio junto a él. Se le echaba al cuello y se apretujaba contra él, como había aprendido a hacer con su madre. Sin embargo, cuando el acceso de angustia se calmaba y él se le acercaba, ella lo veía como un intruso y lo mandaba a paseo. Ella sólo le quería cuando se sentía mal. Por esta razón, tras un largo período de mejoría, ella pidió el divorcio y se encontró desesperada, ya que no podía seguir acurrucándose junto a él.

La señora Yoprimero se había casado con el señor Ellaprimero y todo el mundo admiraba a esa pareja tan unida. Hasta el día en que el señor tuvo un lapsus trágico: mientras argumentaba que su pareja no tenía ningún problema, dijo: «Mi mujer y yo nos respetamos. Ella hace lo que quiere. Y yo, hago lo que ella quiere». Esta revelación involuntaria se vio seguida de un largo silencio.

El señor Ellaprimero intentó ocuparse un poco menos de su mujer, pero no lo consiguió porque en su infancia había adquirido un estilo afectivo tan desesperado que había llegado a la conclusión de que sólo podría constituir una pareja si se avenía a seguir en todo a su adorada. Esta estrategia afectiva terriblemente costosa le aportaba un beneficio enorme, ya que poco a poco le permitía aprender a amar de una forma más ligera, como quien tiene un vínculo seguro.

La evolución afectiva es por tanto posible. El estilo afectivo que se adquiere en la infancia es una tendencia que orienta las relaciones posteriores, pero no es una fatalidad que petrifique el amor. La pareja enamorada, entendida como el más pequeño sistema grupal familiar posible, constituye el lugar de las interacciones y el momento propicio en el que se pueden reorganizar los aprendizajes: «Este estilo relacional no es la suma de los vínculos de cada uno de los miembros de la pareja […]. Es un producto de ambos, una creación».[22] La pareja enamorada comparte lo que inventa, beneficiándose de ello o padeciéndolo.

El apareamiento verbal

El estilo interactivo de las parejas con vínculo seguro es característico. Demuestra que las inevitables tensiones de la existencia hallan solución gracias a una «asociación corregida en relación con su objetivo» y a la «conciencia reflexiva»,[24] lo que es una forma de decir que la pareja se habla para explicarse y que se coordina para alcanzar sus fines.

Es posible observar esta forma de hablar. Las parejas con vínculo seguro respetan unos turnos de palabra armonizados, ya que, cada uno de los miembros de la pareja, tan atento al cuerpo del otro como a sus palabras, escucha lo que dice y mira lo que habla. Cada miembro de la pareja percibe con facilidad las señales corporales, la aceleración del flujo verbal, el aumento del tono grave en la inflexión de voz y la súbita orientación de la mirada en dirección del oyente, lo que significa que el hablante se dispone a cederle la palabra. Esta danza del comportamiento verbal prueba la armonización de los afectos de esa pareja que busca una solución sin choques. Por el contrario, las parejas con vínculo inseguro o preocupado, que han establecido un contrato implícito por el que se comprometen a prodigarse mutuos cuidados, manifiestan en el curso de sus conversaciones una gran inestabilidad psicomotriz: flujo inacabable de palabras, salidas de pata de banco, mala designación del sujeto, comportamientos autocentrados, súbitamente dirigidos hacia un objeto exterior sin relación con la conversación. Muchas de las personas que cortan la palabra revelan a través de este comportamiento verbal que no prestan atención al otro. Responden a la sensación que el otro ha desencadenado en ellos, no se armonizan con su pareja. Quitan la palabra por miedo a verse dominados, o simplemente porque no tienen en cuenta el mundo mental que el otro trata de expresar.

Algunas personas con vínculo inseguro o de evitación parecen tan desligadas que su cuerpo permanece rígido y realiza pocos gestos, pronuncian frases cortas y tienen un discurso frío, sin música verbal ni mímica facial. Su exceso de control revela un embotamiento emocional que con frecuencia provoca una sensación de agobio en el interlocutor.

Y en cuanto a las personas con vínculo desorganizado, sus palabras imprecisas, sus respuestas –relacionadas con puntos secundarios a la cuestión– y sus gestos inadaptados, hacen que su discurso sea difícil de comprender, así que agravan su aislamiento y su angustia.[25]

El cómo de la palabra revela un mundo íntimo cuyo ajuste con la pareja resulta observable. Ahora bien, sabemos:

- observar un estilo afectivo adquirido antes del encuentro amoroso,
- comprender lo que un joven se imagina del amor,

- analizar el encuentro amoroso que se establece gracias a los significantes percibidos en el cuerpo del otro,
- calcular la alquimia de las interacciones de una pareja, que nunca responden a la ecuación $1 + 1 = 2$. En una pareja con relación de fusión $1 + 1 = 1$. En una pareja cuyos miembros han adquirido un vínculo seguro $1 + 1 = 2 + 2$. En una pareja de relación leonina, en la que uno de los miembros devora al otro, $1 + 1 = 2 + 0$.

Un tiempo dedicado a aprender a amar

Dado que tenemos los medios para observar cómo se impregna del otro cada uno de los miembros de la pareja y lo modifica, podemos intentar precisar que la alianza amorosa firma un contrato implícito del que no se sale tal como se ha entrado. ¿Repetimos la forma de amar? ¿Sucede que no seamos capaces de separarnos de alguien con quien no podemos vivir? ¿Podemos prodigarnos mutuos cuidados? ¿Estamos traumatizados por el amor? ¿O, por el contrario, manifestamos una evolución resiliente?

En la mayoría de los casos, el amor provoca una mejora de los estilos afectivos. Muchos vínculos ambivalentes o de evitación mejoran su nivel de serenidad y evolucionan hacia un vínculo seguro. Desde luego, la historia no siempre es idílica. Puede ocurrir que la señora Nadiemequiere conozca al señor Yoprimero. Ella quedará tan pasmada con el amor de su compañero que hará lo que él quiera para retenerle. El señor Yoprimero propondrá a la señora Nadiemequiere un contrato de tipo «Yoprimero», que ella firmará encantada. Y todo el mundo quedará maravillado al ver a esta pareja estable, a este hombre viril y a esta mujer tan dulce.

Las alianzas terapéuticas en las que cada miembro de la pareja pide al otro que le cuide tampoco son raras. Al ser de doble filo, pueden curar o desgarrar. Cuando la señora Solaenelmundo descubrió que el señor Sinafecto se hallaba disponible voló a socorrerle. Ambos se procuraban una gran ayuda mutua, ya que cada uno de ellos transmitía seguridad al otro, y se pudo constatar una clara mejoría de su vida cotidiana y de su forma de amar. Con estas salvedades: que no podían separarse dado el grado de dependencia que cada uno de ellos había desarrollado en relación con el otro, y que resultaba posible imaginar que si uno de ellos no se encontraba bien, habría de reprocharle al otro que su mal se debía a que ya no le cuidaba.

Conocí bien al señor Venqueteodie. Se había casado con la señora Sólomequieroamí y la alianza de la pareja producía una impresión curiosa. Ella hablaba de su salud, de sus pequeños placeres o de su malestar, mientras que su marido realizaba en silencio una serie de minúsculas mímicas de boca cerrada y de miradas exasperadas que expresaban claramente su muda irritación. Él la seguía a todas partes, y cuando el azar de las conversaciones excluía a su mujer de los turnos de palabra, era él quien hacía preguntas para invitarla a hablar de su vestido o de cómo había dormido la noche anterior. Él se sentía abandonado cuando ella no estaba, y dominado cuando estaba presente. Entonces iba a buscarla para otorgarle el poder contra el que se rebelaba. Esa pequeña representación podía observarse en el curso de sus conversaciones. La forma en que estaban juntos permitía que estos encadenados se amaran pese a rechinar los dientes.

En un pequeño número de casos, la pasión provoca un verdadero trauma por el que el enamorado se ve inundado de una emoción que no soporta. La interrelación entre el amor y el trauma es frecuente, ya que el amor es un período crítico en el que la personalidad del sujeto puede reorganizarse. La mayor parte del tiempo, la curva se negocia bien, pero a veces puede suceder que uno se rompa la crisma cuando la intensidad de la emoción despedaza una personalidad frágil como consecuencia de este golpe delicioso.

«Un amor sin sufrimiento no es un verdadero amor», me explicaba Ginette. «Me siento desdichada por amar de esta forma, pero si le amo con dulzura no consigo saber si le amo o no. Un amor plano me decepcionaría. Sólo una pasión desgarradora me proporciona la prueba de que le amo y, al mismo tiempo, me hace sufrir por amarle.» En su vida cotidiana, Ginette siempre tenía necesidad de pruebas. El dolor de una pasión le proporcionaba la confirmación cruel y tranquilizadora que necesitaba. «El amor me recuerda mi primera infancia, cuando me aferraba a mi madre: loca de amor al sentir su contacto y desesperada tan pronto como se alejaba un instante de mí. Siento nostalgia por aquel sufrimiento que me colmaba de amor y me llenaba de la seguridad que ella me aportaba. Así es como me gusta amar.» En la edad adulta, el aprendizaje de un amor ambivalente se manifestaba en Ginette mediante la necesidad de una pasión dolorosa. Ginette quería a su pareja como quien adora al clavo ardiendo al que uno se agarra cuando teme hundirse.

Hemos realizado el seguimiento de una pequeña población de adolescentes con dificultades afectivas y hemos tratado de valorar el estilo de los vínculos que habían establecido con sus padres, y después con su primer amor.[26] En general, estos jóvenes, que habían tenido una ontogénesis afectiva difícil, mejoraron al conocer su primer amor. A pesar de las dificultades, aprendieron a amar con mayor dicha y ligereza. Las señales que daban de poseer un vínculo seguro aumentaron claramente. Descubrieron el placer de conversar, de confiar en el otro, de aceptar la influencia del amado, de concebir proyectos, de contarse mutuamente el pasado y de inventar unos cuantos rituales de pareja capaces de tejer la intimidad.[27]

La ocasión amorosa es una curva maravillosa y peligrosa, ya que un pequeño número de personas con vínculo seguro y un número algo mayor de personas con vínculo inseguro se rompen la crisma al negociarla. Sin embargo, los que consiguen tomarla bien salen mejorados de la experiencia.

Sufrir por el sufrimiento de los que uno ama

Quienes rodean al enamorado le acompañan en esta curva. Esto equivale a decir que el desarrollo, al igual que el acontecimiento traumático, implican a la familia tanto como al individuo.[28] En el atentado producido en las líneas del RER* de Port-Royal (el 3 de diciembre de 1996), algunas de las personas presentes no salieron de la experiencia con un trauma psíquico; fue su cónyuge quien padeció un importante síndrome postraumático.[29] Ya se había señalado este fenómeno en el transcurso de la guerra de Vietnam, donde se constató que el gemelo que no había entrado en combate sufría más que el gemelo que sí había participado en él. Del mismo modo, en Beirut, los soldados de la OTAN padecían más alteraciones que los combatientes. Y algunos niños de deportados viven la deportación de forma aún más dura que sus padres. Por consiguiente, no es el acontecimiento traumático lo que se transmite y

* «Réseau Express Régional», o red de trenes de cercanías de la periferia de un núcleo urbano importante. (N. del T.)

altera a la persona próxima, es su representación. Cuando el herido tiene un entorno bien constituido, a veces supera el trauma mejor que la persona próxima, a la que consideramos protegida y por ello abandonamos al horror de lo que imagina. Ahora bien, para sufrir por la idea que nos hacemos del sufrimiento de aquellos a quienes amamos es preciso ponerse excesivamente en su lugar. De este modo, uno se encuentra en la situación del señor Ellaprimero, que no logra sentirse bien más que si ha hecho todo lo posible para que ella se sienta bien. Tras retomar las ideas de Anna Freud y los métodos etológicos de René Spitz, y tras observar y seguir a los niños traumatizados por los bombardeos de Londres, Myrna Gannagé confirma que, al producirse la guerra del Líbano, los niños cuyos padres vivieron acontecimientos traumáticos se vieron más alterados que los niños cuyos padres superaron la adversidad. Incluso los huérfanos, reagrupados entre ellos o recogidos por familias serenas, se vieron más protegidos que los niños que se quedaron en sus familias traumatizadas.[30] Es el conjunto de la familia, el sistema familiar, el que sufre o se defiende, el que supera el trauma psíquico o sucumbe a él. Cuando una persona está herida, su familia tendrá un 27 por ciento de riesgo de padecer con su sufrimiento. Cuando un niño muere, una pareja de cada dos se separa durante el año siguiente. Cuando una mujer es violada, es frecuente que solicite la separación de su cónyuge, que no tuvo nada que ver con la agresión.[31]

Sandra era guardaespaldas. Le gustaba pelearse y, con un entrenamiento perfecto, era famosa por su precisión con la pistola. Una noche, después de haber escoltado a una persona importante, decide volver a casa a pie. Un hombre la sigue, la alcanza y la viola junto a la salida de un garaje. Dominada físicamente, Sandra ni siquiera consigue desenfundar su arma. Alelada, vuelve a casa trastabillando después de haber vagado por las calles. Su compañero la está esperando y le dice que se ha inquietado por su tardanza. Entonces Sandra explota, grita su odio hacia los hombres y pone de patitas en la calle al compañero con el que llevaba una vida agradable. Desesperada por la soledad que acababa de provocar, Sandra llama a su madre. Ésta acude y se sume inmediatamente en la misma depresión que aqueja a la hija. Las dos mujeres aún padecen por esta causa.

Odette se marcha a hacer un crucero con su marido. Con motivo de una escala en un puertecito de la costa turca, Odette se pasea sola por la calle. Dos hombres la agarran y la violan entre risotadas. Ella corre a refugiarse en los brazos de su marido, quien, sin decir una palabra, va a la comisaría y después a buscar a los agresores. El barco reemprende la navegación. El marido, anormalmente silencioso, demuestra con sus comportamientos que sigue atento a su mujer herida. Unos meses después, su tristeza ha desaparecido.

La imagen de Sandra se había visto aún más gravemente desgarrada por el hecho de que no había podido resistirse ni desenfundar: «No soy más que una mujer», repetía, cuando, antes de la agresión, demostraba sin dificultad que era capaz de desempeñar su profesión.

Odette, humillada, moralmente herida, pensó al regresar al barco: «Mi marido no querrá a una mujer manchada». Y sin embargo, descubrió a un hombre decidido, que compartió su desasosiego, y que después la arropó con sus comportamientos afectuosos.

La agresión había sido grave para las dos mujeres, pero evolucionó de forma diferente en función del entorno. El desgarro hizo que la familia de Sandra se hundiese, mientras que el marido de Odette logró remendar una parte de ese desgarro. En ambas situaciones, las familias se vieron obligadas al cambio. Pero si el sistema familiar de Sandra se replegó en su sufrimiento, el de Odette se abrió, confirmando así la fiabilidad de la pareja que se propuso combatir la adversidad.

Comprender no es curar

Dado que la familia puede modificar el sufrimiento de uno de sus miembros, la cultura también puede darle unos sentidos muy distintos. En una sociedad en la que los chamanes aún siguen desempeñando un papel, como en Siberia, hay pocos traumas psíquicos. Lo real es muy duro, es causa de experiencias crueles, pero tan pronto como hay un miembro herido, el grupo, orquestado por el chamán, lo arropa y lo reintegra por medio de rituales mágicos. El objetivo es controlar la adversidad a través de cánticos, danzas, maquillajes y fórmulas que espantan a los malos espíritus y permiten que el herido retome posesión de su mundo íntimo, conmocionado por el accidente. El trauma ha existido en el plano real como herida, en ocasiones grave, pero no se ha dado al trauma el tiempo suficiente para que se desarrolle, ya que la magulladura ha sido inmediatamente vendada por el entorno e integrada en el mito cultural.

En Estados Unidos ocurrió un fenómeno análogo después de los atentados del 11 de septiembre de 2001. Los neoyorquinos no eran conocidos por dar muestras de una gran ternura: «Si alguien se cae en la calle, la gente pasa por encima para no llegar tarde a la oficina», decía el estereotipo. El increíble horror de las torres que se derrumbaban entre llamas provocó instantáneamente un reflejo de solidaridad: las familias, los amigos e incluso los desconocidos, acudieron rápidamente a prestar ayuda a los neoyorquinos que se encontraban en dificultades. Nunca se había visto que tantos restauradores sacasen mesas con alimentos a la calle para que los equipos de rescate pudieran descansar y comer gratuitamente antes de volver a la batalla. El mundo entero trató de comprender lo que había pasado y de concebir proyectos para defenderse…, o para contraatacar. En lo real, el golpe recibido había sido inmenso, pero en los años que siguieron al atentado, la cultura neoyorquina cambió: ¡la gente se habla, se invita, se presta ayuda mutua y los niveles de suicidio nunca han sido tan bajos desde el año 1930! El chamán siberiano y el restaurador neoyorquino nos permiten comprender hasta qué punto participa la cultura en el trauma.

Nunca hemos arropado tan bien como ahora a nuestros hijos. Nunca hemos comprendido tan bien como ahora su mundo íntimo y, sin embargo, nunca han estado tan deprimidos ni tan ansiosos como ahora. A todo el mundo le parece extraño, excepto si admitimos que comprender no es curar, y que no hay progreso que no exija pagar un precio. En la época aún reciente en la que la tecnología no nos permitía abstraernos del mundo sensible, los cuerpos eran los principales instrumentos con los que actuar sobre lo real, y para esa función resultaban mejores que las máquinas. Los hombres producían la materia social con el espinazo y con los brazos al bajar a la mina, y las mujeres, que ya trabajaban mucho en los campos y en las fábricas, perpetuaban esta cultura con su vientre, al traer al mundo a los soldados, los obreros, los campesinos o las princesas del futuro. Hoy, los que saben dar órdenes a las máquinas dan órdenes al mundo, y esta victoria tiene como consecuencia la creación de una humanidad virtual cuya esfera afectiva se encuentra extremadamente diluida. En la Edad Media se vivía en un mundo de representaciones que nos permitía soportar mejor la muerte de los niños o las frecuentes hambrunas. Hoy, gracias a nuestros progresos técnicos, controlamos mejor esas realidades, pero los hombres no pueden presentar ya la ofrenda de su trabajo a las mujeres, puesto que éstas se ganan la vida por sí mismas. Y las mujeres asumen menos su papel de argamasa familiar, dado que ya no aceptan sacrificarse. Estos progresos permiten controlar mejor los golpes que asesta lo real y promover la expansión de las personalidades, sea cual sea su sexo, pero la dilución de los vínculos es el efecto secundario de esta mejora, ya que cada uno de nosotros tiene ahora menos necesidad del otro para sobrevivir y desarrollarse. Nuestros progresos técnicos y culturales evitan un gran número de traumas reales, pero, en caso de desgracia, nos impiden dominar sus consecuencias psíquicas, ya que han suprimido el efecto chamán.

Encontramos otro efecto secundario de la expansión de las personalidades en la decoloración de las figuras parentales. El trabajo asalariado, que constituye un progreso técnico incontestable, proporciona una gran comodidad a los hombres y una gran libertad a las mujeres. En Suecia, donde la clasificación social no se establece tanto en función de la jerarquía de las competencias (los expertos en la parte superior, los menos cualificados en la inferior), se constata que los hombres se realizan mejor en las empresas privadas y que las mujeres se socializan mejor en las estructuras salariales estables, como las de la medicina estatal o las de las instituciones públicas.[32] Esto equivale a decir que, en caso de trauma, el sistema salarial, que proporciona seguridad y adormece a los hombres, protegerá mejor a las mujeres, y que el Estado, que participa en esta emancipación, modifica y confiere un tinte sexual a los tutores de resiliencia.

Hace ya tres décadas que la transformación de los vínculos de la pareja y de los roles parentales ha cambiado por completo la estructura familiar en la que se desarrollan nuestros hijos. Su mundo sensorial, sus ritmos cotidianos, la energía psíquica que invierten en ellos sus padres, no son ya los mismos. Hace cincuenta años, una niña venía al mundo para sostener la vida familiar, y un niño, en una sociedad desprovista de sistema de pensiones, estaba abocado a convertirse en el «báculo de la vejez» de sus padres. Ya no se concibe a los bebés en estos términos, la filiación se ha visto metamorfoseada. El niño ya no es el descendiente de sus padres, al contrario, es más bien él quien ordena el hogar, quien marca el ritmo de los días, de los paseos, de las vacaciones y de los cambios de domicilio. La creciente inestabilidad de las nuevas estructuras familiares crea unos sistemas de vinculación múltiple que a veces son benéficos para el niño, ya que pueden permitirle huir de un padre tiránico o afectado por una alteración psíquica, pero que también pueden colocar a su alrededor a algunos adultos cuyo vínculo fugaz con el niño no le permita adquirir un afecto sereno.

El porvenir de esta forma de amar no está garantizado. Los grupos sociales, las familias o los individuos que piensan que la aventura de la persona es un valor prioritario defenderán estos estilos afectivos. Pero quienes se sientan angustiados por la aventura de la autonomía descubrirán las virtudes de los matrimonios concertados «a la moderna», en los que los adultos proponen a los jóvenes un pequeño abanico de opciones posibles. De este modo, podrán conocer a algunos pretendientes escogidos en el seno de un grupo religioso, social o racial, a fin de que el sentimiento de pertenencia se mantenga. El vínculo entre las generaciones se verá reforzado por el respeto a los mayores, la aceptación de sus valores y la ayuda afectiva y material que los jóvenes habrán de recibir a cambio.

La orientación hacia una u otra de estas dos estrategias sociales sobre la pareja se realizará en virtud del contexto. Cuando la aventura de la autonomía se hace difícil, la pertenencia a un grupo adquiere un matiz de seguridad. Indica la vía a seguir y el conjunto de parejas sexuales entre las que conviene realizar la elección. Sin embargo, cuando el contexto social mejora, cuando el trabajo se consigue con facilidad, la vivienda resulta accesible y la moral es tolerante, el peso parental se convierte en un obstáculo para la procura de la expansión del joven. Esta paradoja no es una contradicción, ya que hemos aprendido que el afecto parental constituye la base de seguridad que da al joven la fuerza suficiente para salir del capullo familiar. En un contexto social acomodado, el conflicto se convierte en una esperanza liberadora.[33] En una sociedad difícil, uno se somete con dicha al grupo familiar y encuentra refugio en ella, ya que nos brinda seguridad y constituye un tutor que nos guía. Sin embargo, en una civilización tolerante, la familia que da al joven fuerzas suficientes para volar se transforma en un factor que obstaculiza su marcha si no aparece una comunidad acogedora que dé el relevo a la familia.

V

HEREDAR EL INFIERNO

Memoria y culpabilidad

Lo que transmitimos a nuestros hijos depende probablemente de un conjunto de fuerzas a un tiempo benéficas y maléficas que ellos aprenden sin que sus interlocutores lo sepan y que interiorizan sin darse cuenta. La transmisión es inevitable, puesto que no es posible amarse y relacionarse sin transmitir algo. ¿Cómo se efectúa la transmisión y qué es lo que ésta modifica en el mundo íntimo de los interlocutores? Ése es el enigma. No es difícil encontrar un gran número de hijos y nietos cuyos padres y abuelos han vivido un acontecimiento traumático. Si estudiamos el devenir de los padres heridos y el de sus hijos podemos tratar de aclarar este problema.

Hoy viven en Israel doscientos mil supervivientes de las persecuciones nazis. En la época del Holocausto eran muy jóvenes, pero podemos valorar el modo en que han vivido durante cincuenta años esa inmensa herida. La mayoría (el 90 por ciento) pasó sus primeros años en la Europa del Este, en familias acomodadas y cultas.[1] Cuando sobrevino la guerra, los mayores se pasaron a la resistencia tan pronto como cumplieron los 14 o 15 años (un 8 por ciento), uno de cada tres fue enviado a los campos de exterminio y el 59 por ciento sobrevivió escondido.

Los niños que sobrevivieron a los campos han conocido una vida de constantes depresiones. Los niños que permanecieron escondidos han tenido una evolución comparable. La herida que produjo en ellos la realidad de la guerra fue menor, pero su personalidad se desarrolló en torno a la prohibición de su afirmación: «Si dices quién eres, morirás, y quienes te quieren morirán por tu culpa». Muchos de los supervivientes de los campos, tras padecer el horror de lo real, conocieron después esta prohibición cultural que les impedía dar su testimonio: «Lo que te ha pasado es espantoso, repugnante, no vuelvas a hablar de ello. Hay que pasar página». En ambos casos, los supervivientes, convertidos en adultos, siguieron respondiendo a la imagen grabada en su memoria:

«Eres peligroso y repugnante». Para ellos, el fin de la guerra no fue más que el principio de otra forma de ser desgraciado.

Los niños crecidos que se incorporaron a la Resistencia sufrieron relativamente pocas depresiones crónicas. Componían en su memoria una representación victoriosa de sí mismos. A pesar del sufrimiento, se sentían orgullosos, y este sentimiento les llenó de euforia en medio de la desgracia.

Fuera cual fuese la edad en que ocurriera el hecho traumático, y con independencia de las condiciones en que se hubiera producido, casi todos compartían dos rasgos característicos de los heridos que salen adelante: la culpabilidad y la hipermemoria. Curiosamente, la culpabilidad les socializó, ya que al haberse vuelto hipersensibles a las desdichas del mundo, sólo consiguieron calmar esa dolorosa sensación por medio de la implicación en un combate social. Por esta razón, leyeron, conocieron gente, se enfadaron, se divirtieron y se amaron, acumulando de este modo varios factores de resiliencia. Para los niños que vivieron en un entorno que impedía esos compromisos la resiliencia fue mucho más difícil.

La hipermemoria de los que han conocido un trauma constituye en unos casos una secuela y en otros un punto fuerte de la personalidad, dependiendo del uso que permitan darle los contextos familiares y culturales. Cuando el entorno impide reorganizar esta memoria, los sujetos se ven aprisionados por el pasado. Las imágenes que quedan impregnadas en sus cerebros, debido a la extrema emoción provocada en su día por el acontecimiento, explican la reactivación de las figuras aterradoras en las que piensan durante el día y que regresan por la noche en forma de pesadillas. Sin embargo, cuando la familia, el barrio o la cultura dan al herido ocasión de expresarse, esa hipermemoria alimenta con precisión ciertas representaciones de ideas, de producciones artísticas o de compromisos filosóficos que, al dar sentido a su vida de hombres magullados, les brindan un precioso factor de resiliencia. Las referencias que rodean a la hipermemoria del acontecimiento traumático son imprecisas, ya que el sujeto, aturdido por el agresor, no posee el ánimo flexible de un niño con vínculo seguro. Quien ha sufrido un trauma se somete o se libera de su historia utilizándola. Ésa es su disyuntiva: o se ve obligado a repetir o forzado a liberarse.

Sufrir y construirse: ¿qué tipo de transmisión?[2]

Si hacemos balance de los cincuenta años de existencia transcurridos desde el horror, constatamos que, pese a todo, la mayoría de los supervivientes ha construido una familia y se ha reintegrado en la sociedad con un mundo íntimo que en ocasiones se revela doloroso y con un estilo existencial particular. Sin embargo, la gran sorpresa ha sido percibir que sus dificultades íntimas no han impedido la consecución de hermosos éxitos sociales. Tal vez suceda incluso lo contrario, y el carácter apremiante del impulso que les empuja a liberarse del horror les haya dado una valentía desmesurada. Luchar para no hundirse les ha ayudado a alcanzar un éxito social disociado de un mundo interior aún dolorido.

Es probable que podamos atribuir grandes éxitos escolares a este tipo de defensas.[3] El niño ansioso se siente mal tan pronto como saca la cabeza de los libros, el niño maltratado sólo recupera su dignidad en el colegio, el niño abandonado no se siente amado más que en el instituto, el hijo del inmigrante sólo consigue dar valor al sufrimiento de sus padres si triunfa en la sociedad. Todas estas valentías mórbidas explican sus éxitos sociales, pero van acompañadas por dificultades íntimas. Estos éxitos paradójicos constituyen un beneficio secundario de sus defensas neuróticas. Hay muchas personas a las que la sociedad inspira tal ansiedad y temor que sólo se sienten bien en los marcos delimitados del colegio o de los circuitos institucionales. Esta adaptación puede conducir a un éxito escolar o social, pero no podemos llamarla resiliencia. Para emplear esta palabra, sería preciso que el sujeto hubiera realizado una labor de reorganización emocional de la idea que se hace de su herida. Ahora bien, estos éxitos paradójicos que se han beneficiado de un acontecimiento traumático por haberse adaptado a él no reorganizan la representación. No sólo no se trata de una resiliencia, sino que, más adelante, este tipo de defensa permite que resurja el trauma que ya se creía olvidado, cuando en realidad había sido simplemente evitado o mantenido oculto. Por consiguiente, el regreso a la vida después de una agonía psíquica provocada por un acontecimiento traumático ha sido posible cuando las condiciones íntimas han logrado engranarse con un vecindario y una cultura que han actuado como tutores del renacer del individuo. El sujeto resiliente se convierte entonces en un padre o en una madre extraño(a), apasionante e inquietante para el niño que tiene que desarrollarse en contacto con él o ella.

Hoy disponemos de un método a un tiempo lingüístico y etológico que permite volver observable el modo en que el mundo íntimo de un padre de este tipo puede actuar como tutor de desarrollo del niño que se vincula a él. No se trata de una transmisión de pensamiento y, sin embargo, el psiquismo del padre induce un desarrollo particular en el niño.

Mary Main fue la primera en intentar esta explicación. El tiempo del alma no es el mismo que el tiempo del mundo,[4] pero la forma en que hablamos de él revela una parcela del alma y la ubica en el mundo. Ésta es la razón que llevó a esta lingüista a analizar, en un primer momento, la estructura narrativa de varias mujeres embarazadas. Doce meses después, observó la forma en que los hijos de estas mujeres establecían con ellas sus intercambios afectivos y, dieciocho meses más tarde, trató de ver cómo se vinculaban esos niños con su padre.[5] Los resultados son claros: el mundo íntimo de la madre, su forma de hablar, permite predecir cómo habrá de aprender a amar el niño. Sin embargo, la simple presencia del padre puede modificar ese estilo.

En términos esquemáticos, habría cuatro estilos narrativos para teñir el mundo de las cosas con los matices de una parcela del alma:

- Un discurso «autónomo y de vínculo seguro» en el que la memoria semántica es congruente con la memoria episódica, en el que las palabras describen unos recuerdos asociados a unas imágenes adecuadas: «Me gustaba mucho el momento en que mi madre me pedía que preparase la mochila para las vacaciones».
- Un discurso «desapegado» que aísla estas dos formas de memoria. Las representaciones verbales pueden separarse de las representaciones de las imágenes: «Mi madre era buena […]. Me encerraba en mi cuarto cuando se iba de vacaciones».
- Un discurso «preocupado», vigilante, fascinado por una dificultad pasada: «Pienso constantemente en lo que me pasó, me vuelvo a ver en el armario, vuelvo a ver las imágenes de mi madre yéndose de vacaciones, me recuerdo a mí mismo tratando de comprender»
- Un discurso «desorganizado», alelado, que se expresa por medio de imágenes y palabras desordenadas que introducen en lo real los fragmentos de un alma confusa: «Mi madre se iba conmigo en un armario, de vacaciones sin mí».

Un año después, se observa a los niños en la situación normalizada que permite describir sus formas de amar. Expresado de forma esquemática, los niños manifiestan cuatro estilos afectivos:

- Un vínculo sereno si doce meses antes, en una época anterior a su propio nacimiento, su madre había expresado un discurso seguro.
- Un vínculo de evitación si su madre había manifestado un estilo narrativo desapegado.
- Un vínculo ambivalente si su madre hablaba de forma preocupada.
- Y un vínculo desorganizado si su madre se expresaba de forma desorganizada.

No es por tanto el contenido del mundo íntimo de la madre lo que se ha transmitido al niño, sino un fragmento del alma, un fragmento presentado bajo el aspecto de formas verbales que ha constituido el entorno sensorial del niño y le ha enseñado una forma de amar. Cuando estos escenarios de comportamiento verbal se convierten en rutina en un período de desarrollo en que el niño posee una hipermemoria biológica, este aspecto formal de la palabra materna actúa como tutor de los aprendizajes afectivos del niño.

Cuerpo a cuerpo y transmisión mental

Hace tiempo que se ha observado en los animales este acto que transporta una parcela del mundo mental de uno para impregnarla en el otro. Cuando una hembra de macaco se ha visto aislada durante su infancia, esta privación afectiva altera notablemente su desarrollo. Cuando llega a la pubertad, su flujo hormonal actúa como una motivación que la orienta hacia la sexualidad, pero las carencias de su desarrollo no le han permitido aprender los rituales de interacción que facilitan el encuentro sexual. Motivada por la presencia de los machos, la hembra se aproxima a ellos, pero, asustada por su incapacidad de iniciar una interacción con ellos, les muerde o huye. Por consiguiente, es preciso capturarla para hacerle una inseminación artificial. Unos cuantos meses después, la cría que acaba de nacer es incapaz de despegarse de su madre. La sigue, la fija con la mirada y vigila hasta el más mínimo de sus comportamientos. Fascinado por esa madre con carencias, no consigue aprender a jugar y, por tanto, tampoco logra aprender a socializarse en su mundo de pequeño macaco. Por consiguiente, al llegar el momento en que también a él comienza a motivarle para la sexualidad el flujo hormonal, el macaco se acerca a las hembras que le atraen y las muerde o huye… ¡como hacía su madre mucho antes de su nacimiento![7] La observación directa de esta patología nunca nos permitiría comprender que el origen de la alteración de este joven mono encuentra su explicación en la carencia afectiva que padeció su madre cuando era una cría. Incluso en los animales, si queremos responder al problema de la transmisión de una generación a otra, es preciso realizar observaciones longitudinales.

Varios años después lográbamos demostrar que el mundo mental de los dueños de perros podía moldear el comportamiento de sus animales.[8] Una pareja joven compra un fogoso dálmata y después adopta a *Pupuce*, un perro callejero bigotudo. El dálmata de raza domina al perro golfo hasta el momento en que la pareja se divorcia. En casa de ella, que prefiere al elegante dálmata, *Pupuce* sigue dejándose dominar y come después del perro favorito, duerme lejos de él y se aparta cuando pasa. Pero en casa de él, que prefiere a *Pupuce*, la relación se invierte y es el dálmata el que agacha la cabeza, mete el rabo entre las piernas, come mal, se sobresalta por nada, padece incontinencia urinaria y se mantiene apartado. La representación íntima del mundo de los humanos podía por tanto transmitirse sin palabras, servirse del contacto cuerpo a cuerpo, verse mediatizada por la biología de las interacciones y actuar en el mundo emocional de un perro, haciéndole progresar o constituyéndose en obstáculo para él.

Por esa misma época, los especialistas de la familia constataban que determinados efectos se transmitían de generación en generación para lo bueno y para lo malo, en forma de «deuda» o de «conflicto de lealtad».[9] El mundo vivo parecía organizado en torno a una cadena de fuerzas que, partiendo del mundo mental de un miembro de la familia, lograban modificar a otro de sus integrantes. «Los psicoanalistas tardaron bastante tiempo en incorporar este concepto [de transmisión generacional] a sus modelos, de los que hoy es parte integrante por derecho propio.»[10]

Hoy ya no se discute que el estado de ánimo de los padres, su humor, su historia, que les vuelve alegres o tristes, y que atribuye un significado privado a cada objeto, a cada acontecimiento, estructura al mismo tiempo la imagen que un niño se hace de sí mismo. La intersubjetividad no es una transmisión de pensamiento y, sin embargo, las representaciones íntimas de uno de los miembros de la familia modifican el sentir del otro. Es el vínculo el que, a través de sus gestos, de su mímica en ocasiones minúscula y de su estilo narrativo, vehicula la transmisión y le confiere su potencia.[11]

Hay numerosas confirmaciones experimentales[12] y hoy somos capaces de comprender cómo se realiza la transmisión intergeneracional de una herida o de su resiliencia.

La propagación de los mundos mentales es vehiculada por los rituales de interacción existentes entre una madre y su hijo. De hecho, toda figura de vínculo posee esa capacidad: los padres, la fratría, los amigos y toda persona amada pueden modificar el estilo afectivo de base, reforzarlo o destruirlo, en función de la combinación de los estilos afectivos. Cuando un padre habla de sus relaciones pasadas con sus propios padres, cuenta en realidad cómo aprendió a amar. Esto permite predecir la forma del entorno que va a crear para su futuro hijo o hija. Esta burbuja sensorial de gestos, de sonrisas y de músicas verbales, envuelve al niño en un revestimiento de significantes. Así es como se materializa la parte perceptible de la historia paterna que se impregna en la memoria del niño.

La transmisión de las formas de amar

En este tipo de transmisión, es difícil decir que una única causa provoque un único efecto, ya que una herida de la madre puede transmitir al niño una impresión que tal vez se vea modificada por la historia del padre, después por las reacciones emocionales de la familia o del vecindario y en último término por los relatos que la cultura haga de esa herida. Cada una de estas fuentes ejerce una presión y provoca una huella en la memoria cuya fuerza depende del estilo del vínculo y de la distancia afectiva. Si la panadera me dice que no me quiere, me quedaré turbado durante algunos segundos, pero si mi mujer pronuncia la misma frase, las consecuencias serán graves.

Esto explica que no todos los vínculos se transmitan de la misma forma. Cuando se observa el modo en que se negocia el vínculo en una población de madres de estilo narrativo «preocupado», se percibe sin dificultad que estas mujeres se hallan en constante alerta y se preocupan por su pasado. Sin embargo, es preciso constatar que no todos los niños quedan alterados por ello y que un número nada desdeñable de ellos consigue aprender un vínculo sereno pese a haberse desarrollado en contacto con una madre agobiada y ansiosa.[13]

Hay dos tipos de vínculos que se transmiten de forma intensa: el vínculo seguro, en el que el pequeño se desarrolla de forma placentera, y el vínculo desorganizado, en el que toda información provoca una angustia. Los demás vínculos se transmiten de forma menos intensa, ya que, alrededor del niño, el padre, la hermana mayor, una tía, un compañero de colegio, un sacerdote, un monitor deportivo, proponen al niño el tejido de otro vínculo, un vínculo al que el niño podrá aferrarse para huir de la fatalidad de la transmisión. Esta labor, que apenas es consciente y que resulta fácil en un ambiente sereno, se vuelve dolorosa en una familia angustiada. No obstante, la evolución resiliente sigue siendo posible, ya que en torno al niño existen otras posibilidades de vínculo.[14] Y esto sin tener en cuenta que la afectividad que una madre dedica a su hijo se ve siempre modificada por el vínculo que teje con su marido. Incluso la rutina de los cuidados cotidianos se ve modificada por las personas que rodean a la madre: «Para contribuir a que una madre se revele a sí misma su capacidad de *holding* [sostén], basta con ocuparse de ella de un modo que reconozca la naturaleza esencial de su tarea».[15] Esta afirmación de Winnicott me hace pensar en una señora que había sido maltratada gravemente por su padre. Esa señora me explicó que en el preciso instante en que daba a luz a su hijo sintió un violento acceso de angustia, ya que, según dijo: «Vi a mi padre entre mis piernas». Este ejemplo ilustra hasta qué punto respondemos a una percepción presente (el niño que está naciendo) en función de la relación que establecemos con una representación de nosotros mismos que ha quedado impregnada en nuestra memoria (una infancia maltratada). Después, esa señora había añadido: «Cuando estoy a solas con mi hijo, pienso constantemente en mi padre y maltrato al niño para defenderme de ese pensamiento. Sin embargo, basta con que mi marido esté presente para que me sienta su esposa y para que deje de percibir al niño de ese modo».

De esta observación podemos deducir que las culturas que organizan en torno de un niño unos sistemas familiares de vínculos múltiples aumentan las protecciones afectivas y, en caso de desgracia, la posibilidad de resiliencia. Con una condición: que no confundamos un vínculo múltiple estable, que proporciona seguridad, que dinamiza al niño y que es a un tiempo rutinario y estimulante, con un grupo de abejorros que van y vienen, sin posibilidad de vínculo. Cuando todo cambia sin cesar, el medio no da al pequeño tiempo suficiente para impregnar su memoria de un estilo relacional que, por su repetición, se convierta en un rasgo de su personalidad. En este tipo de sistema inestable, la probabilidad de que se establezcan vínculos inseguros es mayor. Lo que equivale a decir que es preciso que un niño sea educado por un grupo de adultos diferenciados en función de su edad y de sus roles, y que estén asociados en virtud de sus afectos y de sus proyectos.

Llegamos así al esquema trazado por los psicoanalistas ingleses.[16] Si el niño está rodeado por un caos afectivo, lo más probable es que lo que se impregne en sus aprendizajes sea un vínculo desorganizado. Pero si, por el contrario, el niño se desarrolla en una prisión afectiva, lo que se transmitirá directamente a la mente del niño será el trauma de la madre o el de la figura de vínculo.

La señora Lou había vivido una infancia aterradora con unos padres alcohólicos que se pegaban el uno al otro y que pegaban a los niños todos los días, absolutamente todos los días. La señora Lou repetía: «Detesto a los hombres», porque pensaba que ellos eran la causa de todas las desgracias. Hizo lo necesario para tener un hijo, el mínimo sexual para quedar encinta y tener un bebé, del que esperaba toda la felicidad del mundo. Nada más quedarse embarazada, mandó a paseo al autor de la inseminación, al que no podemos llamar «padre», y se encontró, tal como deseaba, sola con su bebé de la esperanza. Tan pronto como vino al mundo la niña, su madre, presa del pánico, insultaba al personal clínico y gritaba: «Rápido, hagan algo, ya ven que puede morirse». El bebé, que era hermoso y sano, mamaba y dormía, pero su madre le atribuía su propia fascinación por la muerte y perdía la cabeza al percibir lo que proyectaba sobre el bebé. El primer año fue una época de amor apasionado durante la cual la vida de la madre se organizó alrededor del bebé y en la que se produjo la alternancia de momentos de intensa felicidad con terribles angustias de muerte cada vez que el bebé tenía un insignificante catarro o un espasmo digestivo. La niña tenía ya algo más de tres años cuando su madre, deshecha en lágrimas, llamó por teléfono al psicólogo porque su hija le había pegado y no sabía qué hacer. A la edad de 10 años, la niña dijo: «Me duele la tripa, espero que sea grave». La niña tenía 12 años cuando declaró: «Me gustaría morir con mi madre, pero desearía que nos matara un hombre». Por fortuna, durante la adolescencia, la hermana de la señora Lou, que también había sido maltratada pero había evolucionado hacia una forma de resiliencia, permitió poner una cierta distancia entre los dos miembros de esta pareja trágica. La prisión afectiva construida por la madre angustiada, que había encontrado en el bebé su única esperanza de vida, había permitido en la práctica la transmisión de un contenido de pensamiento. Para luchar contra su angustia afectiva, la madre había invertido un exceso de energía psíquica en su bebé de la esperanza, con quien imaginaba vivir un amor perfecto. Esta representación materna había provocado en la niña «una relación hipnótica [...], una verdadera huella [...] que había iniciado la construcción psicológica de una relación dual».[17] Sin embargo, esta huella exclusiva hacía que la menor separación adquiriera el regusto de un abandono y se viviera con una desesperación mortal. La madre decía: «No quiero que hable, eso la alejaría de mí [...]. No quiero que tenga amigos, quiero que sólo me ame a mí [...]. No quiero que vaya al colegio». Una madre con vínculo seguro habría experimentado placer y alivio al ver que su hija se desarrollaba en un círculo distinto al de sus faldas. La señora Lou experimentaba un intenso sentimiento de felicidad cuando estrechaba a su hija contra su pecho. Pero este éxtasis despertaba casi inmediatamente una angustia de abandono, porque la niña deseaba hablar e ir al colegio. Esta forma de amar permitió la transmisión de un pensamiento porque la pequeña prisionera no pudo encontrar ningún otro tipo de vínculo que le permitiera escapar al espeluznante amor de su madre. La huella se transmitió del alma de la una al alma de la otra debido a la proximidad de los cuerpos, que no tenían posibilidad de desligarse.

La labor de las palabras permite establecer una distancia afectiva, una visión más alejada, siempre y cuando nos dirijamos a una tercera persona que pueda facilitar esta toma de perspectiva. La forma en que hablamos compone una burbuja sensorial, una envoltura de significantes que rodea al niño y que penetra en él a través de los canales de comunicación establecidos entre quienes participan del vínculo. Es raro que ese entorno sea exclusivo. La mayor parte del tiempo, la madre y el niño aman a alguna otra persona, lo que impide toda situación de captura afectiva. La existencia de una constelación de vínculos protege al niño. Por el contrario, en caso de captura afectiva, las madres confusas transmiten un vínculo desorganizado en el 90 por ciento de los casos. Las madres con vínculo seguro, por su parte, sólo transmiten el vínculo seguro en el 75 por ciento de los casos porque el padre puede imprimir una huella menos favorable o porque una hermana u otro miembro del grupo familiar puede participar en el tejido de un vínculo más difícil. En contraste, las madres con vínculo inseguro, de evitación o ambivalente sólo transmiten este malestar relacional en el 50 por ciento de los casos, porque el niño, al sentirse mal con esa madre, trata de desarrollarse en contacto con otra persona. La transmisión afectiva es una tendencia que puede modificarse si el entorno organiza alrededor del niño una envoltura constituida por diferentes vínculos. De este modo, el niño puede rehuir la desgracia que para él pueda representar uno de sus padres.

Cómo transmitir un trauma

Lucía tenía cinco años cuando sus padres, periodistas, contrataron como niñera a Irène, que venía de Auschwitz. Encantada, la joven Irène dejó a sus dos hijos en las familias de acogida en las que habían permanecido ocultos durante la guerra. En esas familias, los niños lo pasaban muy bien, e Irène había sentido vergüenza al presentarse a ellos como una superviviente. En el hogar de los periodistas el ánimo era alegre todos los días, ya que no se padecía la obsesión producida por el horror del pasado. Irène tuvo la sensación de que en ese hogar lograría renacer, aunque al volver a su casa todo el mundo supiera que había perdido a su marido y a dos de sus hijos. La simple presencia de los testigos familiares le recordaba el horror del que quería huir. Irène amaba la vida y deseaba eludir el pasado. La muda presencia de los supervivientes de su familia se lo impedía, mientras que en el hogar de los periodistas sólo se hablaba de futuro. Durante algunos años, todo fue perfecto y la felicidad parecía retornar tras la pesadilla. En su familia de origen, en la que se vivían todos los duelos, semejante euforia habría resultado chocante, pero en casa de la pareja de periodistas se evocaba con una sonrisa la fuerza de carácter de Irène. Ésta tenía un vago sentimiento de vergüenza por su felicidad, y su reacción consistía en evitar rememorar su pasado. Una parte de sí misma saboreaba la vida cotidiana y participaba en las fiestas con la invención de alegres sorpresas para los niños del barrio: meriendas con teatro, banquetes inesperados, dulces canciones yídish para acunar a Lucie… En una palabra, la felicidad, y el talento de saber procurarla.

La parte oscura de Irène se iba diluyendo lentamente y la sombra del pasado regresaba todas las noches. La felicidad se iba haciendo más incierta. La pequeña Lucie adoraba a Irène, así como su capacidad para transformar en poesía el menor acontecimiento. Una tarde, la niña le pidió que tradujera una canción muy dulce, muy hermosa y muy triste: «*Es brennt, briederler, es brennt…*». «¿Por qué quema?», preguntó Lucie. Irène se vio sobrecogida por una oleada de angustia, en efecto: «una oleada», no era un acceso como se dice habitualmente, era una marea de imágenes y de emociones que la sumergieron de pronto. Irène, que cantaba y reía sin cesar, que hablaba mucho, había metido, como quien la encierra en un baúl, como quien la sepulta en un féretro, una parte de su pasado, una parte de su personalidad, de lo que la constituía. Y lo que la constituía era una muerte enorme, situada en el origen de sí misma: su marido muerto, dos de sus hijos muertos, sus padres muertos, casi toda su familia muerta, un gran número de amigos muertos, de vecinos muertos, una gran parte de su cultura muerta, y muerta también una gran porción de su país de origen. ¿Cómo vive uno con eso cuando ama la vida? Huyendo de los que sobreviven y nos recuerdan a los muertos. Uno vive en una minúscula parte de sí mismo y ríe, habla y canta cuando tiene la suerte de ser niñera en una familia de personas muy simpáticas y cuando se disfruta del favor de ser amada por su hija.

Entonces Irène sintió la necesidad de responder a Lucie, que se disponía a dormir, y de contarle lo que pasó con aquel vecino tan amable que venía todas las tardes a comer arenques con crema y a tomar un vasito de vodka y que un día, rodeado por treinta desconocidos, vino a reventar los muebles y la cabeza de su padre; Irène contó lo que le había pasado a sus hijos, tan monos, tan limpios y tan bien educados, ambos desaparecidos, ambos vistos por última vez en un estado sucio y descarnado; contó la violencia absurda de la policía, la sensación de muerte inminente, las denuncias de los vecinos y la actitud de los transeúntes, que les humillaban.

Esa misma noche, Lucie padecía los primeros síntomas de un trauma psicológico provocado por un horror que la niña no había vivido pero que la adorable Irène acababa de transmitir de un alma a otra.

La escisión había permitido a Irène sufrir menos a causa del horror pasado. Una parte de su persona se expandía en la realidad de la posguerra, mientras que la otra, la parte oscura, era mantenida a raya para evitar el retorno del dolor. A veces la joven se confeccionaba incluso un pasado imaginario que le permitía negar lo real aterrador. Cuando los momentos de soledad dejaban resurgir los terribles recuerdos, Irène imaginaba, para defenderse, que había enviado a sus dos hijos desaparecidos a comprar leche justo antes de la llegada de los milicianos, con lo que salvaba a los niños de la muerte. Irène se alegraba con esta ilusión. A veces inventaba otro escenario en el que modificaba el recuerdo del asesinato de su padre. El amable vecino no sólo no había destrozado los muebles y la cabeza de su padre, sino que incluso se había interpuesto y había detenido el saqueo criminal al explicar que esta familia trabajadora no había cometido delito alguno. Entonces la horda, súbitamente calmada, se retiraba. Al modificar la representación de su historia, Irène vivía mejor el presente, pero no afrontaba la desdicha del pasado. Tan pronto como disminuía su vigilancia, tan pronto como dejaba de mostrarse alegre y de realizar esas acciones poéticas, generosas e inventivas que tanto agradaban a la familia de periodistas, las huellas del pasado resurgían. Esas huellas se habían visto refrenadas por esa adaptación antálgica, pero no habían sido reelaboradas por un trabajo de resiliencia. Por esta razón, una noche, en el momento en que Lucie y su niñera se adormecían la una junto a la otra, con la mayor confianza afectiva, brotaron en la oscuridad del dormitorio, en el instante en que la niña se rendía al sueño, las terribles palabras que transmiten el trauma de manera directa, de alma a alma. Después de esa noche, y durante cuarenta años, Lucie tuvo pesadillas y vivió con el temor de que sus vecinos entraran en su casa para romperlo todo. Sin embargo, es ella la que realiza hoy el trabajo de resiliencia que Irène no pudo efectuar. Es Lucie, llegada ya a la edad adulta, la que afronta el pasado de Irène, la que realiza pesquisas sobre el Holocausto, la que se implica en acciones militantes que le han permitido conocer a su marido. Es ella la que reelabora la emoción provocada por la desdicha pasada y da un sentido a la herida transmitida por los relatos de Irène.

La niñera se había adaptado a dos intensas pulsiones opuestas: un deseo omnipotente de ser feliz unido al mismo tiempo a un inmenso sufrimiento provocado por el gran número de muertes que había diezmado a sus seres queridos. Sin querer, la pareja de periodistas había agravado la escisión al aplaudir la vertiente vivaz de su personalidad y al desincentivar toda reflexión sobre el pasado. La supervivencia psíquica de Irène resultaba agradable en ese hogar que no había sufrido la guerra, mientras que, en su propia familia, los escasos supervivientes vivían con sus muertos. Si hubieran dejado de hablar de ellos, habrían tenido la sensación de abandonarles, y si hubieran aceptado ser felices después de su desaparición habrían tenido la impresión de estar traicionándoles. Para la alegre Irène, la elección era clara: vivir con los supervivientes acompañada por los muertos o escindirse para arrancar a la vida un sobresalto de felicidad, una esperanza desesperada, un poco más de vida, mientras esperaba la muerte. La resiliencia habría permitido una lenta metamorfosis de la representación de la desgracia. La escisión, que preservaba la existencia de una felicidad inmediata, permitió más tarde que los fantasmas regresaran.

Esto no quiere decir que la actitud contraria, la de lanzar aullidos lúgubres, proteja a los que amamos. Por la misma época, los comunistas se convertían en el «partido de los fusilados». Más de veinte mil fueron ejecutados tras un rápido juicio, o resultaron asesinados en las prisiones y los campos de exterminio. He conocido a varios supervivientes que regresaron de estos lugares con la rabia en el cuerpo, indignados por lo que habían visto y padecido. Hablaron, chillaron, evocaron, conmemoraron, publicaron, organizaron reuniones y revistieron las paredes con fotografías alucinantes: ¡la consecuencia fue que hubo que tratar a los hijos de todos ellos! La proximidad afectiva de estos supervivientes que habían regresado a sus familias les dio el poder de transmitir un trauma carente de matices. Lo real es ambivalente. Siempre hay algún gesto tranquilizador en medio del mayor espanto, una sonrisa en el horror más grande, un resquicio de cielo soleado, incluso en Auschwitz. Los hijos de esos comunistas deportados absorbieron la representación de un horror puro, sin ambivalencia, sin matices, amplificada por el deseo de convencer. Se vieron inmersos, día a día, en la atrocidad de los relatos. Para los padres, se trataba de una legítima defensa. El Partido Comunista utilizaba esas imágenes para convertirlas en un argumento político, y sus hijos se desarrollaban en un mundo en el que la abominación era inminente. No se atrevían a entrar en su habitación por la noche, imaginaban que había cadáveres amontonados bajo la cama, vivían con la expectativa de que el enemigo de clase tratara de asesinarles. Muchos de ellos sufrieron un pánico inducido por la ansiedad.

Los secretos han solido ser más frecuentes de lo que se dice, pero como eran secretos, se tendía a hablar poco de ellos, y así se llegó a la conclusión de que apenas existieron. Desde que el concepto de resiliencia ha comenzado a desarrollarse en Europa, en las dos Américas y en Oriente Próximo, recibo un sorprendente correo compuesto por amables cartas anónimas: «Querido colega: comprenderá la razón por la que no firmo esta carta cuando le explique que nací en 1943. Mi padre, soldado alemán, desapareció en 1944, al producirse la debacle. Mi madre tuvo que internarme en un orfanato. Sólo conseguí abrirme camino y realizar unos estudios callándome y ocultando mis orígenes. Si hubiera hablado de ellos, habría sido rechazado. Sesenta años después, ejerzo la misma profesión que usted: soy psiquiatra, pero debo seguir manteniendo en secreto mi infancia».[18]

Habría en Francia unos 200.000 niños nacidos como consecuencia de estos encuentros amorosos. No cometieron ningún crimen. Antes al contrario, sus jóvenes padres tuvieron la suficiente fortaleza de personalidad para rechazar las presiones del entorno, unas presiones que pretendían imprimir en ellos un estigma: «Un alemán es un bruto [...], una francesa una puta». Estos jóvenes no se sometieron a los estereotipos despreciativos que permitían a la época estructurar sus grupos, unos grupos que necesitaban el odio para hacer la guerra. Al contrario, su encuentro fue de persona a persona, y no de prejuicio a prejuicio. La pareja enamorada escapa a las presiones sociales, religiosas o ideológicas. En un contexto de guerra, este tipo de encuentro amoroso significaba «traición», mientras que en tiempo de paz indica «tolerancia». El acto de amor es el mismo, sea cual sea la cultura, pero un contexto social diferente puede darle tanto el sentido de una felonía como el de una hermosa aventura.

Esta situación es diferente a la de las francesas seducidas por el nazismo. Con frecuencia estaban casadas y pertenecían a un grupo social que colaboraba con el enemigo. No es probable que nacieran muchos niños de esa complicidad.

Hubo responsables nazis que fueron acogidos y protegidos en Siria durante los años de posguerra. Sus hijos, perfectamente integrados, se sienten orgullosos del heroísmo de su papá SS. No tuvieron que mantener en secreto sus orígenes y pronuncian con energía los lemas hitlerianos. Lo que se transmite al hijo de unos padres que han vivido un acontecimiento traumático depende tanto de la forma en que el herido habla de su magulladura como del mito que su cultura fabrica con ella.

Helène se sintió orgullosa de materializar su defensa enviando a su padre a la cárcel. Había sido violada durante años, víctima de unos juegos sexuales sádicos. A esta legítima defensa, Helène añadió la publicación de un libro que afirmaba que el incesto existía en lo real, y lo hizo en una época en la que se pensaba que sólo existía como fantasma. Después encontró a un amable compañero con el que tuvo un niño. Helène había logrado modificar una cultura que, gracias a ella, descubrió la existencia de una agresión sexual hasta entonces negada, pero no dispuso del tiempo necesario para lograr que los transeúntes se mostraran respetuosos. Algunos de estos viandantes la paraban por la calle para preguntarle en presencia del niño: «¿Este niño lo ha tenido usted con su padre o con su marido?». La parte del trauma de la madre que iba siendo absorbida por el niño se vio modificada por la desvergüenza de algunos paseantes. Al día siguiente de esta frase, el niño comenzaba a padecer enuresis y a presentar manifestaciones ansiosas.

Interpretar lo que se transmite

Los hijos de las personas que han vivido un acontecimiento traumático no tienen un papel pasivo en la transmisión, ya que han adquirido una forma predilecta de percibir el mundo. Lo interpretan y reaccionan a él con su propio estilo afectivo. Peter siempre había sabido que su padre había sobrevivido a Auschwitz, pero su forma de callarse, o de hablar vagamente de la experiencia, había hecho que el niño se prohibiese hablar de determinadas cuestiones.

- El padre dijo: «No quería transmitirle los horrores que yo había padecido. Quería protegerle».
- El hijo dijo: «Yo evitaba hablar de los temas que él quería evitar».

El padre quería proteger al hijo, y el hijo deseaba atenerse a la exhortación no verbal del padre. Entre ellos reinaba el orden, y también el sufrimiento, como un malestar insidioso que aminorara el dinamismo de los intercambios al pretender controlarlos en exceso. En realidad, ambos hombres estaban instalados en un contrasentido afectivo por el cual cada uno de ellos, al querer proteger al otro, no conseguía más que alterar la situación.

A veces ocurre que el padre herido se encuentre tan debilitado que el niño viva su regreso como un lastre que gravita sobre la vida cotidiana. El niño se siente mal en esta envoltura de significantes onerosos. Agobiado por la desdicha, tras haber sido feliz con su madre antes del regreso del espectro, da sentido a su malestar por medio de una interpretación agresiva: «Si papá ha regresado de los campos de concentración es porque pactó con los nazis. Si hubiera sido honesto y valiente, habría muerto».

La imagen que el herido se hace de sí mismo es el resultado de la convergencia de varios relatos. El relato íntimo cuya repetición en el diálogo interior constituye la identidad narrativa sufre la presión moldeadora de los relatos del entorno. Algunas familias convirtieron el reencuentro en una alegría, pero otras alimentaron la herida. Además, ha sido más frecuente que el contexto cultural haya suscitado el sentimiento de vergüenza que el de dignidad. «La labor de ayuda psíquica a la resiliencia se remite entonces a los procesos que sostienen la conservación de las envolturas psíquicas […] entre el individuo y su entorno […], el intercambio de pareceres en el seno de la familia, [así como] su sistema de valores y de creencias.»[19] La idea que nos hacemos de nosotros mismos se nutre de los retazos de realidad que nuestra familia y nuestra cultura disponen a nuestro alrededor.

El padre de Claire tenía cinco años en 1942 cuando fue acogido por la Mutua de Ayuda Temporal, una organización clandestina que salvó a unos 500 niños judíos.[20] Claire, nacida en 1962, nunca llamó «papá» y «mamá» a sus padres, probablemente porque ellos mismos eran incapaces de designarse con esas palabras. «Mi infancia se organizó en torno a la escara que mi padre había padecido en su infancia. Yo me desarrollé en los contornos de su parte muerta […]. A él le resultaba imposible llamar "mamá" a mi madre. Decía: "Id a ver a Rose", y cuando nos escribía, firmaba con su nombre, nunca con la palabra "Papá".»

– Hola. ¿Papá?

– ¿Quién llama?

Cuando uno no figura inscrito en ninguna filiación no adquiere la sensación de que podría convertirse a su vez en padre, y por consiguiente no ve quién podría llamarle «papá». La forma en que captamos una representación de nosotros mismos se impregna en nuestra memoria gracias a los fragmentos de realidad que nos proporciona el entorno.

Bracinho sabía que era gitano, pero no sabía en qué consistía ser gitano. Sus padres se habían instalado en la región de Lisboa, y Bracinho había nacido en ella. Su padre, albañil, había resultado muerto como consecuencia de un accidente de trabajo cuando el niño tenía dos años. Su madre desapareció dos años después, dejando al niño al cuidado de un funcionario de los servicios sociales. Escuchaba decir a su alrededor: «Están sucios…, son groseros…, roban nuestras gallinas y hacen sacrificios humanos con nuestros niños». Bracinho se decía que procedía de un grupo humano muy feo y aterrador. No se indignaba por las persecuciones, que le parecían injustas, pero, al no conocer a otros gitanos, el hecho de provenir de semejante grupo le producía un vago sentimiento de vergüenza. Acariciaba la idea de dejar de ser gitano sin experimentar la sensación de traición que sienten habitualmente quienes abandonan su grupo de origen para integrarse en otra cultura. No existía en su mundo íntimo ese tribunal psíquico en el que se juzga a los traidores. En sus ensoñaciones diurnas, por el contrario, se imaginaba rodeado por una especie de jurado, un jurado que le habría permitido exculparse. Cuando una cultura nos condena a quedar expulsados de la humanidad por un delito que ignoramos, necesitamos que una corte de apelación nos declare inocentes. Ésta es la razón de que tantas víctimas experimenten esa extraña necesidad de testificar en público para rehabilitarse.

El tribunal de los portugueses normales juzgaba a Bracinho. Pero él, el niño, inventaba un alegato tan hermoso que conseguía demostrar que, precisamente, él no era ni bandido ni sucio ni grosero, y no había robado gallina alguna. Entonces los jueces reconocían su error y aceptaban al pequeño gitano, ¿pero era en verdad gitano? Bracinho se sentía culpable, no de haber traicionado a sus afines, porque no los tenía, pero sí de proceder de una cultura que no conocía y que le impedía ser como todo el mundo. A menudo, escenificaba ese tribunal imaginario, y después de la sentencia, en la que había logrado introducir el reconocimiento de su inocencia, se extrañaba de sentirse tan alegre. «Sé que soy gitano», decía, «pero no sé qué es ser gitano. Soy algo que no sé lo que es».

Una mañana en la que vagabundeaba por la Praça Do Comercio, junto a la orilla del Tajo, y mientras esperaba el encuentro con un compañero de juegos, se vio atraído por un pequeño grupo de guitarristas. De piel curtida, dientes blancos y extrañas ropas, esos músicos callejeros habían provocado un pequeño agolpamiento. Bracinho escuchó sus canciones embargado por un sentimiento de maravilla. Percibía, por primera vez en su vida, una porción de la belleza de la condición gitana. El auditorio parecía compartir su dicha. Así pues, ¿era posible ser gitano y conseguir la aceptación de la sociedad? Un hombre, corpulento, bastante pesado, vestido con una gorra y un pantalón de cuero, se acercó al niño y dijo: «Es una música vulgar, siempre tocan lo mismo». Bracinho se prometió a sí mismo que habría de dar una tunda a ese hombre tan pronto como tuviera la fuerza necesaria para poder hacerlo, y después regresó a su felicidad musical. Sin embargo, tenía la cabeza dividida entre dos asombros: el de tener que acordarse de la gorra y el pantalón de cuero para poder reconocer más tarde al agresor y darle una buena paliza, y el de observar detalladamente a los músicos que acababan de ofrecerle por primera vez una felicidad asociada a la pertenencia.

Fueron por tanto un retazo de música y un fragmento de imagen los que le proporcionaron unos cuantos materiales de su imagen propia. Bracinho se sentía mejor porque su cultura de todos los días acababa de disponer a su alrededor dos o tres informaciones que le permitían construirse al fin un comienzo de identidad gitana. Para conservar en su interior ese sentimiento nuevo de bienestar, de fuerza apacible, y, cómo decirlo, de ensanchamiento de sí, por constatar que a su alrededor había otros como él, Bracinho experimentó de pronto el deseo de ir en busca de sus orígenes. Unos minúsculos fragmentos de significante, como una música y una tez curtida, acababan de invitarle a iniciarse en la arqueología del saber, en el arte de los archivos, de las viejas fotografías, de los objetos venidos de otros lugares y de los encuentros futuros. Este esbozo inicial de trabajo estaba a punto de metamorfosear su sentimiento de sí, a punto de hacerle pasar de una vaga vergüenza a un orgullo documentado.

Cuando la revelación de lo no expresado se realiza en el seno de una relación de captura afectiva, el trauma se transmite con intensidad, como hemos comprendido al observar el vínculo excesivo que se estableció entre la pequeña Lucie e Irène, su niñera. Por el contrario, cuando el descubrimiento de los propios orígenes («No sé qué es ser gitano») se realiza por medio de fragmentos culturales de imágenes, de músicas, de relatos o de documentos, lo que siente el niño es un placer de arqueólogo.

Un estrépito silencioso

Si un gran número de traumatizados experimenta menos dificultades para confiar sus sufrimientos a un manuscrito que a una persona de su entorno inmediato, la razón estriba en que la escritura les permite controlar s ıs sentimientos. Incluso en un programa emitido al público, en el que existe una gran distancia afectiva con los oyentes, invisibles, la emoción es menos fuerte que en una relación cara a cara con un ser querido. En este tipo de relación, la emoción podría alterar, y tal vez incluso impedir, la comunicación.

El sentimiento de vergüenza provoca la existencia de factores tácitos, difíciles de decir, y fomenta la alusión, la perífrasis, el tartamudeo…, lo que explica la frecuencia con que se producen los malentendidos. Además, en un contexto ruidoso, todo silencio atrae la atención: por eso la detención de un ruido de fondo despierta nuestra vigilancia: «¿Por qué esa súbita calma? ¿Qué ocurre?». El mutismo inesperado de un hombre que habla profusamente provoca en la persona que tiene vínculos con él un sentimiento de extrañeza, un enigma, y, «tal como sucede con el negativo de una fotografía, indica la existencia de algo que está ahí pero no ha sido revelado».[22] La palabra transmite lo que destaca, y puede traumatizar a un niño demasiado apegado. Y el silencio que participa en los relatos y en el contagio de los mundos mentales arroja una sombra angustiosa sobre la que descubrimos lo que hemos proyectado. Se queda uno estupefacto al escuchar contar sus sueños a los hijos de los que han vivido un acontecimiento traumático. Estos niños relatan que han visto en sus pesadillas el propio trauma que el padre, o la madre, creían haber ocultado.

«El 7 de abril de 1994, fecha en la que se iniciaba el genocidio, comenzaban también las vacaciones de Semana Santa […]. Nuestros hermanos pequeños se marcharon de vacaciones a casa de nuestros padres. Todos pensamos que nos volveríamos a ver en un par de semanas, pero nunca volvimos a vernos: no sobrevivieron.»[23] Esta situación se produce con frecuencia en el transcurso de los genocidios y de las acciones de aplastamiento militar que las guerras modernas efectúan contra los civiles y los niños. La desaparición provoca en primer lugar una espera marcada por la expectativa del regreso de los supervivientes. Poco a poco, se hace necesario admitir que los desaparecidos no volverán nunca y que han muerto sin recibir sepultura. No estuvimos junto a ellos cuando otros los mataron, no pudimos socorrerles, ¡tal vez nos hallábamos disfrutando en el instante en el que ellos padecían hasta morir! Una oleada de vergüenza nos traspasa. Se les ha matado, se ha dejado que sus cuerpos... (es difícil de pensar: «se pudrieran en el suelo»), no se ha estado a la altura de las circunstancias.

Uno puede combatir una oleada de vergüenza de esta envergadura haciendo suya la preocupación de dar sepultura a todos los que mueren. Cuando nuestros seres queridos han desaparecido de esta forma, uno tiende a prestar atención a la dignidad de los muertos. «Cada vez que veo un documental sobre Ruanda, me fijo bien para ver si mis hermanos se encuentran entre los supervivientes. Siguen vivos en mí, y todo me los recuerda. También los busco cuando veo las fotografías de los cadáveres amontonados. Es como si acabaran de morir hoy mismo.» Esta muda preocupación por la muerte se expresa mediante unas señales de comportamiento que el niño percibe con toda intensidad: un silencio petrificado de la madre en el momento en que acecha en la pantalla de la televisión la aparición de un hermano desaparecido, la minúscula crispación de su rostro cuando un amable vecino la felicita por haber sobrevivido, ella, al genocidio. Estos silencios significativos ensombrecen en parte los discursos y provocan en el niño la sensación de que existe un enigma inquietante. «¿Qué pasa aquí, si mi madre se calla cuando se habla de Ruanda?» ¿Será que la muerte no ha sido clara, que ha habido algún mal de ojo, un asesinato quizá?

Que ni se me ocurra hacer preguntas. El niño se duerme con el malestar transmitido por la vergüenza materna y, por la noche, tiene pesadillas en las que ve, pudriéndose en el suelo, el cadáver de su madre mientras los viandantes se desternillan hasta perder el resuello. ¡El niño ha representado en su mundo íntimo la oleada de vergüenza que torturaba a su madre!

VI
LOS CANTOS SOMBRÍOS

La corporeidad de los fantasmas

«Me da miedo la noche», dice el niño. «Por la noche, los muertos se levantan…» Quizá lo haya imaginado…, habrán sido unos desconocidos los que han proporcionado a la noche su rostro arrasado por las lágrimas o su sonrisa olvidada. «Yo no sabía nada de ellos, salvo que estaban muertos.»[1] El niño, que nutre sus pesadillas con la vergüenza de las personas que le son próximas, se siente diferente, siniestro. ¿Cómo busca uno a sus padres cuando su vergüenza le atormenta?

Bien que le habían dicho que no hablara con los soldados. El niño recuerda que un día, mientras jugaba en el muelle, su balón había ido a parar debajo de un banco en el que hablaban dos militares. Se lo habían devuelto con palabras amables que el niño no podía comprender. Pocos días después, sus padres desaparecían tras ser detenidos por la milicia. Murieron deportados, y, durante años, el niño se repitió a sí mismo que había debido decir algo al recuperar la pelota. Sin querer, había dado sin duda algunas indicaciones que habían permitido la detención de sus padres. No había sabido guardar el secreto y por ese motivo habían muerto. Ésta es la razón de que, durante décadas, admirara a quienes sabían callarse, pues el silencio provocaba en él una sensación de seguridad. Sin embargo, la vergüenza de haber dejado escapar unas cuantas palabras y la culpabilidad de haber provocado la muerte de sus padres le enseñaron un comportamiento extraño: no podía hablar más que de trivialidades, ya que percibía toda intimidad como una intrusión inquietante.

Sentir vergüenza no transmite el mismo sentimiento que «ser portador de la vergüenza».[2] El gitano Bracinho sentía vergüenza de lo que era, aunque no sabía lo que era, pero su cultura le sugería que su origen era merecedor del sentimiento de vergüenza. Tan pronto como fue capaz de identificar un modelo constructivo, un proceso de resiliencia le permitió evolucionar de la vergüenza al orgullo. Esta liberación difiere de la situación de quien es portador de la vergüenza, situación que consiste en padecer el sufrimiento de una figura de vínculo. El proceso de la resiliencia es aún más costoso: «Para dejar de sentir vergüenza por no sé qué, debo reparar primero el malestar de mis padres». A Bracinho le basta con percibir unos retazos de condición gitana para dejar de sentir vergüenza, mientras que una persona que es portadora de la vergüenza ignora qué problema debe afrontar y con frecuencia se siente incluso agredida por la figura parental a la que ama: «No sé por qué me siento mal cuando estoy en contacto con mi padre, y desesperado cuando no está conmigo». El niño soporta a un padre «taladrado», en ocasiones agradable y con frecuencia taciturno, en cuya compañía ha tenido que crecer. Ha adquirido algo de ese comportamiento avergonzado que le hace oscilar a su vez entre el embotamiento y el calor afectivo. Ha adquirido un apego ambivalente, y pese a ello el padre, herido y avergonzado, está convencido de haberle protegido con su silencio. Ahora bien, este padre, verdadero galeote de la felicidad, no sabe que ha transmitido a su hijo la inquietante sensación de una felicidad angustiosa: «Todo éxito me culpabiliza. Resulta vergonzoso ser feliz cuando los que amo sufren. El fracaso, que me desespera, no me hace sentir tan mal», podría decir la persona portadora de vergüenza.

El poder de los fantasmas no procede de la magia ni del ectoplasma. Al contrario, lo que permite al niño ver aparecidos en el cuerpo de la persona amada es la percepción física de algo extraño, de un gesto, de un tono de voz o de un silencio. Los fantasmas no tienen vida autónoma, necesitan el esqueleto del herido para hacer aparecer la muerte, el sufrimiento o la vergüenza que va a convertirse en parásito del espíritu de su hijo. El acontecimiento pasado traza sobre el cuerpo del herido unas sombras que los fantasmas transmiten de alma a alma.

«Quisiera que mis hijos permanecieran alejados de los caminos que he de recorrer», piensa el padre al volver de Auschwitz. «Quisiera que transitaran por lugares más plácidos, que tuvieran una infancia exenta de miedo.»

«Mi padre considera que esta faceta oculta de su persona es digna de ser odiada», piensa el hijo como un eco mudo. «Hace tiempo que sé que hay algo que permanece enterrado. Sin decir nada, mi padre me hace comprender con una fuerza extraordinaria que no debo orientar la mirada en esa dirección», añade el hijo en su conversación interior.[3]

La sombra parental vuelve receloso al niño

Este diálogo prohibido, percibido en la superficie de los cuerpos de los interlocutores y emanado de sus conversaciones interiores, ilustra hasta qué punto pueden transmitirse las personas un contrasentido afectuoso de alma a alma cuando están unidas.

Los jóvenes que lograron sobrevivir a los campos de concentración se casaron a una edad extremadamente precoz. En esa época, la pareja constituía un importante factor de protección. Un hombre no podía vivir sin una mujer si tenía que ir a pie a su trabajo y quedarse allí diez horas. Una mujer no podía vivir sin un hombre en un contexto tecnológico en el que el cuerpo constituía la principal herramienta de producción social. En una sociedad en la que no existían ni la Seguridad Social ni las cajas de pensiones, si un hombre impotente o débil, o si una mujer estéril o frágil se mostraban incapaces de levantar pesos o de traer un gran número de hijos al mundo, era difícil que pudieran labrarse un porvenir. Los jóvenes supervivientes invertían una gran cantidad de energía psíquica en el matrimonio, la única esperanza que tenían de volver a vivir. La mayoría de ellos formaron parejas en las que el apego ansioso resultó terapéutico. Al salir de los campos de exterminio, el matrimonio permitía regresar a la vida y, a veces, empezar a tejer la resiliencia. Los niños que nacieron de estas parejas tuvieron que desarrollarse en contacto con unos padres aún heridos que acababan de comenzar su labor de restauración. Los tutores de desarrollo que rodeaban a los pequeños estaban alterados. No les resultaba fácil establecer una relación estable y clara con un padre valiente, mudo y sombrío que manifestaba una amabilidad cotidiana y que después, súbitamente, explotaba con una violencia inesperada. El cónyuge dedicaba mucha energía a ocuparse de ese padre herido, ya que la pareja se había formado en torno a ese contrato. El niño se desarrollaba en contacto con unos padres taciturnos, atentos, amables e inmersos en pesados silencios. Se sentía excluido de su alianza afectiva.

Ésta es la razón de que un gran número de niños de este tipo experimentara una especie de carencia afectiva, pese a que sus padres consideraran estar invirtiendo en ellos demasiada energía psíquica. La pareja adulta organizaba su vida en torno a los hijos, tomaba sus decisiones atendiendo únicamente al beneficio de los niños, les arropaba con una amabilidad permisiva y evitaba evocar su propio sufrimiento para no transmitírselo. Sin embargo, el niño se sentía como un intruso en esa pareja paterna rebosante de complicidad, percibía su permisividad como una indolencia, o incluso como un abandono, y se hallaba fascinado por la inquietante sombra que el padre herido presentaba como un enigma, velando una zona que creía esconder. «Los elementos con los que cada uno de nosotros forja las representaciones de los acontecimientos de su prehistoria nacen de cosas oídas y a menudo mal comprendidas, de alusiones no siempre subrayadas por muecas o gestos, no siempre marcadas por silencios significativos.»[4]

El niño, obligado a ser feliz, sabe que la menor adversidad desespera a su extraño padre: «él parecía querer a toda costa que no tuviera más que pensamientos felices, que no realizara más que acciones serenas».[5] Angustiados por esta felicidad forzosa, los hijos de los padres traumatizados adquieren con frecuencia un vínculo ambivalente: «el cariño que siento por ellos también nace en esos sitios sombríos, en esos lugares horribles».[6] Para esos niños, el odio no es lo contrario del amor. Es una rebeldía colérica contra un padre desgarrado que está en plena labor de reconstrucción. Su faceta sombría vuelve receloso al niño. Sólo más tarde aprenderá a sentirse orgulloso de ese padre mudo.

Hervé dice: «Odiaba a mi mujer cada vez que se mostraba alegre porque entonces me abandonaba». Unos años antes, su padre acababa de volver de una Argelia en plena guerra. Hablaba demasiado, demasiado alto y con demasiada alegría para ocultar lo que no conseguía decir con tranquilidad. Al vivir en contacto con ese padre que enmascaraba su tristeza por medio de una alegría forzada, Hervé adquirió un vínculo ambivalente que más tarde habría de manifestar con su mujer. La quería mucho cuando estaba con él, pero experimentaba un sentimiento de odio colérico tan pronto como ella intentaba cualquier pequeña iniciativa sin él.

Los niños que crecieron en el seno de estas parejas organizadas en torno a este particular contrato aprendieron a estar atentos a lo que no se decía, a quedar fascinados por la sombra, a sentirse inquietados e interesados por las grietas del comportamiento y por las rupturas del discurso: «¡Anda! ¿Por qué se paraliza cuando sale el tema de los niños nacidos fuera del matrimonio? ¡Vaya! Cada vez que se menciona a la familia de mi padre, mi madre dice "¡Ay, ay, ay!" y descubre de repente una urgencia doméstica que interrumpe la concatenación de las frases». Estos pequeños enigmas, estas minúsculas fracturas casi invisibles, pero de frecuente repetición, acaban inculcando al niño una especie de iniciación a lo extraño, como si pensara: «La prohibición de saber con la que acabo de topar me espanta y me apasiona». En su mundo íntimo va construyéndose paulatinamente la ambivalencia, que poco a poco empieza a caracterizar su estilo afectivo. «No sé muy bien lo que ocurrió en la infancia de mi padre, ya que habla mal de esa época de su vida, [pero siempre veo] una evocación, una sombra sobre su rostro, el rescate de mi madre, que le protege desviando la conversación. Es extraño. Quizás sea incluso terrible. Con la infancia que debió de tener, no tengo derecho a quejarme, tengo que ser perfecto(a), debo ser siempre feliz para justificar los esfuerzos que él hace por mí. Debo triunfar, ya que él, que no tuvo esa oportunidad, me proporciona las condiciones para alcanzar el éxito. Me avergonzaría no tener éxito. Eso es lo que le reprocho.»

Al principio, esta obligación de vivir una felicidad angustiosa da buenos resultados aparentes, pues la lealtad del niño le empuja a hacerse un hueco en esa enigmática relación filial. Pero cuando llega la adolescencia, que le invita a abandonar a los que ama para aprender a amar de otra manera, es frecuente que la reorganización afectiva resulte dolorosa. La ambivalencia puede orientar al joven tanto en la dirección de una claudicación tranquilizadora como en la de una emocionante pasión arqueológica. «Estoy harto de agotarme buscando la felicidad como exige mi padre», dice un niño, «la claudicación resulta tan sedante…». Por su parte, otro piensa lo siguiente: «Me apasiona todo lo que está oculto. Si no trato de comprender me siento angustiado».

Identificarse con una figura parental desaparecida

La escisión del padre herido, que se esforzó en no dejar traslucir de sí más que la parte clara de su personalidad para proteger al niño, le transmitió sin saberlo un vínculo ambivalente. Este estilo afectivo parece claramente más frecuente en una población de niños cuyos padres, traumatizados, acaban de empezar a tejer su resiliencia que en la población general, donde se estima que la incidencia es del 15 por ciento.[7] Esta forma ambivalente de amar «se estructuraría a partir de conflictos parentales no resueltos que conducirían al adulto a invertir una gran cantidad de energía psíquica en el niño para colmar una carencia afectiva».[8] Estos padres jóvenes, traumatizados por la guerra, quisieron casarse rápidamente para volver a vivir y tuvieron hijos enseguida para amarlos y darles toda la felicidad de la que ellos se habían visto privados. Ese mecanismo de adaptación defensiva protegió a los padres y transmitió a sus hijos un vínculo ambivalente que no comenzó a evolucionar hasta la adolescencia.

Una conclusión apresurada vendría a decir: «En eso consiste la resiliencia: los padres se hacen resilientes y los hijos cargan con las consecuencias». Hay que subrayar que los padres apenas habían iniciado su proceso de resiliencia en una cultura que les ignoraba. Se encontraban aún en una fase en la que el sufrimiento inmediato les obligaba a afrontar la catástrofe que acababa de producirse. Aún estaban aturdidos y padecían súbitos accesos de cólera que sorprendían a todo el mundo. Apretaban los dientes y no podían hablar, como sucede siempre cuando se vive el instante mismo del dolor. Sólo más tarde logramos explicar lo que nos ha pasado, cuando la perspectiva, la distancia y el tiempo nos permiten proceder a una representación verbal. Si además la cultura hace callar a los heridos, éstos necesitarán decenios para zurcir su desgarro. Bastan unos segundos para encargar un niño que habrá de desarrollarse en los años que su padre dedicará a remendarse. El niño llega al mundo en el momento en que sus padres heridos aspiran a renacer, a volver a la vida tras una agonía psíquica. Pero el niño no encuentra a su alrededor más que tutores de desarrollo alterados por la magulladura de los padres. Ése es el lugar en el que tiene que aprender a vivir.

Los niños huérfanos idealizan a sus padres desaparecidos, pero cuando encuentran una familia de sustitución su desarrollo no es malo. Sin embargo, se ven obligados a realizar un doble trabajo de filiación: con la idealizada familia muerta y con su familia actual, salvadora y torpe, como toda familia. Imaginan un doble relato familiar que llena su mundo íntimo y que en ocasiones provoca dificultades relacionales, pero el resultado es más bien notable.

Un espíritu malévolo podría concluir que más vale tener unos padres muertos que unos padres heridos. Propongo que prestemos atención a los terapeutas de la familia, que constatan que, si un miembro del grupo se ve aquejado por una enfermedad grave, como un cáncer o un infarto agudo, la fratría y los afines cierran filas en torno a él. Los demás problemas pasan a un segundo plano y quedan enterrados en la urgencia de lo cotidiano. Se pone en marcha entre los allegados un quehacer vinculado a la defunción. De este modo, los familiares rodean al enfermo, hacen preparativos para el sombrío porvenir y se sienten bien por ser tan buenos. Cuando, por desgracia, el paciente sana, algunas familias se desorganizan, sus proyectos de adaptación se vuelven inútiles y los problemas enterrados vuelven a ocupar el primer plano. ¿Quién podría deducir de esto que hay que matar a los enfermos? Más vale negociar, atender lo mejor que se pueda al enfermo y advertir a las familias del peligro que representaría convertir este infortunio en el único problema de su hogar.

Del mismo modo, cuando se vive obligado por la existencia de un secreto, los allegados se organizan alrededor de la zona tenebrosa. Sin embargo, ese dolor exquisito del alma del herido transmite una extraña sensación al niño. Quizás por eso se haya escrito: «Los padres comieron el agraz y los dientes de los hijos sufren la dentera».[9] El secreto que salva al padre herido impone a su hijo un tutor de desarrollo que asocia dos pulsiones opuestas: «Me encariño con este padre que me angustia…, me prohibo interrogarle sobre esta sombra que me fascina…, le admiro porque es un iniciado, y le desprecio porque es portador de una escara que me repugna…, le quiero porque me anima cuando está alegre, y le detesto cuando su pesar me agobia», así es como podrían hablar los niños cuyos padres heridos no han tenido la posibilidad de progresar en su trabajo de resiliencia.

Es casi siempre el medio familiar o cultural el que impide que se verifique la sutura de la resiliencia. ¿Cómo se le dice a un niño que su nacimiento fue producto de un incesto? La familia se calla para proteger al pequeño, que entonces tiene que desarrollarse entre una espesa bruma psicológica. ¿Cómo se le dice a un niño escondido durante la Segunda Guerra Mundial que, si confiesa que es judío o deletrea su apellido, será responsable de la muerte de aquellos a quienes ama? Cuando estos niños lleguen a ser padres sin haber tenido tiempo para superar esa maldición, tendrán mentalmente presente esa desgracia al educar a sus propios hijos. Pero cuando la resiliencia ha sido posible porque el entorno no ha obstaculizado esa tendencia natural que conduce a volver a la vida, entonces el niño podrá mantener una relación con su padre repuesto.

Los padres magullados se ponen en un segundo plano

Las madres heridas siguen teniendo dificultades en la época en que traen al mundo a su primer hijo. Cuando el trabajo de resiliencia se ha vuelto posible porque la familia las ha arropado después de la conmoción, porque lograron encontrar un cónyuge que supo apoyarlas, porque hallaron un tutor de resiliencia (la escritura, el compromiso artístico o social, la psicoterapia), y, sobre todo, porque la sociedad les propuso lugares de resiliencia, estas madres no son ya las mismas cuando dan a luz a su segundo hijo.

Desde los años setenta sabemos cómo interactúa una «madre estándar» con su bebé después del nacimiento. Podemos predecir que si una mujer joven ha crecido en un ambiente feliz estará atenta a todas las señales que emita el bebé, y que le responderá sonriendo y hablando mucho.[10] Comparados con ellas, los padres que se ocupan de sus bebés se muestran claramente menos sonrientes, menos habladores y más propensos a proporcionar estímulos «motores» que las mujeres.[11]

No es el caso de las madres que fueron, en su propia infancia, víctimas de un incesto. La mayor parte de las veces, permanecen ofuscadas frente al bebé que acaban de traer al mundo. Lo miran pasmadas, sin pronunciar una palabra ni hacer un gesto. Cuando, más tarde, hablamos con ellas, nos enteramos de que en ese instante crucial de su vida vino a imponerse en su bruma mental un pensamiento casi obsesivo: «¿Qué sexualidad tendrá?». En medio de su confusión surge una vaga idea: «Con tal de que no tenga que padecer una sexualidad violenta». Al verse ante el niño que acaba de nacer, brota en ellas una idea que se apresuran a rechazar: «Con tal de que él mismo no cometa un acto de sexualidad violenta». Cuando se trata de una niña, un pensamiento fulminante sobrecoge a la madre: «Un día será violada», o: «La mataré cuando llegue a la adolescencia».

La percepción del sexo anatómico evoca en la madre la representación de la desgracia pasada, a la que responde con una confusión dolorosa en la que surgen unos terribles fogonazos de pensamiento. Esto es lo que ocurre cuando una madre se queda a solas con el pasado que lleva grabado en la memoria. ¿Quién nos obliga a dejarla sola? En ese período crítico, toda figura de apego que permanezca cerca de ella en el momento del nacimiento le proporcionará seguridad. Cuando tiene un cónyuge, se siente mujer y experimenta un sentimiento de felicidad al ver la dicha que acaba de proporcionar a su pareja gracias al bebé. Una simple figura familiar cambia el mundo mental de la madre.

Los aficionados a profetizar desgracias no mienten cuando dicen que un niño maltratado se convertirá en un padre maltratador, o cuando afirman que la víctima de un incesto se convertirá en una persona capaz de abusar sexualmente de otra. Sencillamente describen la situación provocada por un pensamiento colectivo que, al considerar que los niños traumatizados están condenados a repetir la desgracia, los abandona, encadenándolos de este modo a la repetición. Sin embargo, si cambiamos el mundo íntimo de la madre, cambiamos el medio sensorial con el que arropa a su bebé, y si la ayudamos a librarse de su fantasma, observaremos que propone al niño un medio que le brinda seguridad.[12]

Lo que en realidad ocurre es más bien lo contrario. Estas madres caen en el exceso opuesto y se vuelven demasiado permisivas, ya que piensan confusamente que todo el mundo es más competente que ellas para educar a un niño. Consideran que el marido, la educadora y el propio niño sabrán lo que conviene hacer o decir para vivir felices. Mientras no se le dé la ocasión de descubrir que ella misma también es competente, la madre que vivió una infancia de niña maltratada corre el peligro de ponerse a la sombra de los que ama.

Los padres heridos, por su parte, tampoco se creen capaces de convertirse en padres. Entonces, cuando encuentran a una mujer que les apoya, le conceden mucho poder, «porque ella sabe lo que hay que hacer».

De este modo, los hijos que nazcan de estos encuentros tendrán que vivir un desarrollo adaptado a unos padres particulares: una madre permisiva que se eclipsa ante los demás e incluso ante su propio hijo,[13] o un padre taladrado, escindido en dos personajes de los cuales uno se retira a un segundo plano en casa mientras el otro, a veces, brilla fuera de ella. Estas dos mitades paternas causan extrañeza al niño, que oye hablar de él en términos admirativos, cuando en casa más bien se le eclipsa. La ambivalencia se impregna en la memoria del pequeño, que de este modo adquiere una representación duplicada de estas imágenes opuestas y asociadas.

No es correcto hablar de la represión de los niños escondidos durante una guerra, ya que lo que tienen es, muy al contrario, una hipermemoria traumática, precisa y clara, que siempre está presente en el fondo de su ser. Esta representación es difícil de transformar en palabras, unas palabras que habrían permitido la creación de un mundo compartido. Tras convertirse en padres, recuerdan que le deben la vida al hecho de que supieron callarse cuando eran niños. Ya se trate de los niños armenios de Turquía, de los niños judíos de Europa, de los niños camboyanos o de los jóvenes tutsis que huyeron de las masacres de Ruanda, todos tuvieron que callarse para no morir.

Esta defensa orientada a la supervivencia les proporciona un estilo relacional particular: alegres, activos, soñadores y creativos, además de transformados demasiado pronto en adultos, se muestran apagados de improviso y quedan psíquicamente inmóviles cuando una situación o una pregunta afecta al ámbito de lo que han aprendido a evitar. Con este mecanismo de defensa llegan a la edad en la que es posible tener hijos. Tan sólo unos cuantos años después de la tragedia se convierten en padres, pero son unos padres que consideran que expresarse tal como son termina evocando la muerte. Es algo grabado en su memoria: gracias a eso se salvaron. Entonces viven como un soldado que atravesara un campo de minas: «Allí, puedo ir…, de esto, puedo hablar…, pero de repente me detengo, porque si digo una palabra más corro el riesgo de morir».

El destino no tiene por qué cumplirse

Si nada cambiara en nosotros ni a nuestro alrededor, el destino estaría trazado y no podríamos hacer otra cosa que repetir a lo largo de toda nuestra vida lo que aprendimos en un momento en el que era preciso callarse para sobrevivir. Corremos entonces el riesgo de transmitir a nuestros hijos una «exclusión defensiva».[14] «Me callo para defenderme», podría decir la madre, «y esto enseña a mis hijos a no sentirse nunca perfectamente cómodos, ya que perciben que en nuestra relación existe una región brumosa. No se hallan en ningún momento en una situación de plena confianza conmigo, puesto que mi estrategia de comportamiento les sugiere la existencia de un enigma inquietante, de una zona entumecida». Más tarde, cuando surja una dificultad en la vida de estos niños, quedará claro que no han aprendido a pedir auxilio, ya que perciben que en su padre o en su madre existe una zona prohibida. Encajan el golpe o se hunden, sin término medio. El hijo de un padre que no ha tenido tiempo de tejer su resiliencia «se vuelve de este modo impermeable a las experiencias que van en contra del sistema de representación establecido y se resiste al cambio».[15]

Por fortuna, es imposible que no se produzcan cambios. Ni siquiera las sociedades petrificadas pueden evitarlos. En cada una de las etapas de su desarrollo, el niño cambia su forma de percibir el mundo, y con cada frase que pronuncia cambia el mundo que percibe. Cada discurso social funda una nueva institución que va a tutelar desarrollos diferentes.

Los métodos prospectivos realizan un seguimiento de las personas heridas hasta el momento en que se convierten en padres y en abuelos. Los métodos retrospectivos, al constatar un desorden, buscan su explicación mediante el expediente de volver atrás para indagar en los relatos vitales. Estas estrategias de conocimiento arrojan resultados muy diferentes.

Parece que, en determinados países, 1.000 niños maltratados generan, tras llegar a la adolescencia, 260 delincuentes, una cifra que es mucho más elevada que la que se registra entre la población general.

Cuando se es policía y se detiene a jóvenes delincuentes, lo que se hace es pedirles que nos cuenten su vida. Este método retrospectivo muestra que el 92 por ciento de esos jóvenes ha sido objeto de malos tratos. Por tanto, se deducirá lógicamente que el maltrato conduce casi siempre a la delincuencia. Y se explicará ese hecho mediante la teoría de la identificación con el agresor.[16] Supongamos ahora que somos educadores y que realizamos un seguimiento de esos 1.000 niños hasta la edad adulta. Este método prospectivo permite descubrir que el 74 por ciento evoluciona correctamente y mantiene un contacto afectuoso con los educadores. Por consiguiente, concluiremos que no es frecuente que los malos tratos conduzcan a la delincuencia.

Los resultados son opuestos y sin embargo nadie miente. Simplemente, cada profesión recoge una serie de informaciones verdaderas en un lugar de trabajo distinto, lo que genera un parecer diferente. El policía dice: «El maltrato es un destino que genera delincuencia». Y el educador responde: «Si proporcionamos un entorno adecuado a estos niños, la gran mayoría de ellos evolucionará correctamente».

Las palabras tienen el poder de alumbrar conceptos que hacen que algunos fragmentos de la condición humana se vuelvan observables. Y una vez que uno sabe ver esos fragmentos, puede debatirlos, lo que súbitamente instala su existencia en los discursos sociales. El fenómeno de la globalización existía en lo real mucho antes de que se le diera un nombre, pero desde que ha cobrado vida por medio de la palabra, los grupos sociales y culturales se han organizado para combatirlo o para propiciarlo.[17]

La mayoría de los niños escondidos no tenían familia. Habían desaparecido, para siempre o durante el tiempo que duró la guerra. Se realizó el seguimiento de una población de 906 sujetos (580 niños y 326 niñas) hasta la edad de 18 años[18] y se pudo constatar que su evolución difería en función de las instituciones que se ocupaban de ellos o en virtud de los encuentros que tenían. Esta posibilidad de que se produzcan evoluciones diferentes en función del moldeado de las instituciones y de las aventuras relacionales prueba que la resiliencia existe en lo real y que se la podrá controlar mejor cuando la hagamos existir a través de nuestras palabras, a través de nuestros discursos, de nuestras investigaciones y de nuestras decisiones.

Estas dilatadas investigaciones hacen que nuestros prejuicios se tambaleen. A los 18 años, los niños escondidos que habían sido recogidos por familias habían adquirido una inteligencia escolar superior a la de los niños que habían permanecido en las instituciones de atención infantil. La plasticidad de esta forma de inteligencia era tan grande que estos niños lograban recuperar su retraso incluso una vez superados los 15 años. La recuperación del desarrollo físico e intelectual tras un acontecimiento traumático sigue siendo posible durante un lapso de tiempo mucho mayor de lo que se creía.

La gran dificultad con que toparon los niños escondidos que tuvieron un gran porcentaje de biografías dolorosas fue de orden afectivo e identitario. Sobre ellos no sólo se acumulaban los factores de riesgo (aislamiento, ruptura de lazos afectivos, cambios de institución), sino que aprendían a sobrevivir mediante el oscurecimiento de una parte de su personalidad, mediante el borrado o el difuminado de la representación de sí mismos. ¿Cómo trabajar para llegar a ser uno mismo cuando nuestro entorno nos enseña que todo desarrollo equivale a un intento de homicidio? «Si dices quién eres, morirás… Si dices de dónde vienes, arrastrarás a la muerte a los que de verdad quieren ocuparse de ti… Lo poco que te dan es un mundo… Tu simple existencia en nuestro hogar te convierte en un peligro, en alguien que atrae la desgracia.» Estos niños sobrevivieron dolorosamente en el medio que les protegía y que con frecuencia les quería. Escuchaban frases que les desolaban:

«Los vecinos dieron cobijo a un niño judío igual que tú. Habló. La Gestapo quemó su granja». Todos los días, el niño escuchaba una simpática frase que magullaba su alma: «Le damos cobijo porque está completamente solo, nadie sabe dónde está su familia y, además, es tan bueno. Corremos el riesgo de que nos maten por su culpa», decían los generosos hutus que salvaban de la masacre a un niño tutsi.

Ponerse a prueba para hacerse aceptar por los demás

A causa de estos traumas insidiosos y repetidos los niños experimentaban una gratitud ambivalente hacia quienes les protegían. El regalo que les hacían resultaba angustioso, y la deuda abrumadora, imposible de saldar. En estas condiciones adversas, sólo lograron hacerse resilientes los niños que supieron erotizar el riesgo en el transcurso de sus ordalías íntimas. Este juego al borde de la tumba surge de forma natural y adquiere el aspecto de un juicio de Dios que otorga al niño un simple derecho: el de vivir.

Los adultos no comprenden esas absurdas asunciones de riesgo, y con frecuencia ni siquiera las ven, puesto que el niño se somete a sus pruebas a escondidas, visible únicamente a los ojos de Dios. Ya que se le ha expulsado de la humanidad y que se le ha condenado a morir por el simple hecho de existir, no puede recuperar su lugar en la comunión de los hombres más que por medio de un rito de integración. Y puesto que la sociedad no le propone ninguno, él inventa otros más crueles y más peligrosos para demostrarse que es más fuerte que la muerte. Entonces, en función de lo que le proponga su entorno, se pondrá a escalar a pulso por la noche unas largas paredes casi lisas, se tirará al mar en plena tempestad, buscará pelea sin odio ni razón, y, sin sentir deseo alguno, asumirá riesgos sexuales.

Ésta es la razón de que, contrariamente a lo que dicta el prejuicio, un gran número de niñas víctimas de un incesto hayan sabido salir triunfantes de las pruebas que ellas mismas se impusieron tras su terrible infancia. Fueron madres después de haber superado su problema.[19] Por el contrario, las que quedaron postradas por esta agresión sexual y fueron mantenidas en ese estado en el que quedan las personas con heridas incurables se convirtieron en madres con problemas.[20]

La observación directa de los momentos en los que se ocupaban de sus hijos, asociada a la realización de cuestionarios, permitió arrojar alguna luz sobre su mundo íntimo y observar la aparición de una característica invariable: son demasiado permisivas porque no se valoran a sí mismas. «No soy competente, mi marido, mi hermana, el médico, todos saben más que yo. Dejaré que ellos decidan, se lo daré todo a mi hijo, no le impondré ninguna prohibición para que pueda desarrollarse sin obstáculos. Me cuesta muy caro, pero no es grave, porque él será feliz.» Por medio de entrevistas, se realizó el seguimiento de un pequeño grupo de 45 niños que habían sido víctimas de un incesto y se lo observó en situaciones tipificadas hasta que los niños llegaron a ser padres. Otro grupo de 717 niños no agredidos fue seguido y observado con el mismo método. En conjunto, la población compuesta por los hijos de las víctimas que no se habían recuperado manifestó los mismos problemas de comportamiento y la misma representación alterada de sí que los hijos de padres alcohólicos, de enfermos mentales o de personas igualmente traumatizadas.[21] Esa representación de sí les hacía quedarse pasmados ante su bebé, les inducía a sentirse intimidados por sus propios hijos, a tener una imagen devaluada de sí mismos y a acariciar el deseo utópico de volverse perfectos.

Los niños que se desarrollaron en contacto con este tipo de padres aprendieron a ser un poco condescendientes con esa madre que les servía solícitamente o con ese padre que se eclipsaba, que se sometía a sus deseos y que trabajaba a escondidas para no molestar a los querubines con sus tristes problemas de adulto.

Cuando estos niños llegan a la edad del sexo, el padre, que aún está herido, no transmite seguridad. Este tipo de padres desea tanto no poner obstáculos a su hijo que no enuncia claramente las prohibiciones. Esta indeterminación perturba al adolescente y a veces provoca incluso una inhibición ansiosa, ya que el enunciado de prohibición, al expresar al mismo tiempo lo que sí está autorizado, tiene la función de proporcionar seguridad. Es muy frecuente confundir prohibición con impedimento, cuando, en realidad, los dos conceptos no organizan en absoluto el mismo mundo. El impedimento detiene toda expresión de deseo, mientras que la prohibición da forma e incluso orienta ese deseo: «Puedes expresar tu agresividad hasta cierto punto; más allá, está prohibido. Puedes cortejar a esa mujer, pero no a aquélla, y no de cualquier manera: no puedes permitírtelo todo». La prohibición da forma a la pulsión y se convierte en instrumento de la coexistencia afectiva, mientras que el impedimento aprisiona el deseo.

Un padre herido que no recibió ayuda para ser resiliente sobrestima a su cónyuge, a la sociedad y a su propio hijo. Se eclipsa ante su hijo para no constituir un obstáculo para él, y de este modo le enseña a dominar a ese padre amable al que cree débil. Este contrasentido afectivo resulta frecuente cuando los padres traumatizados tienen dificultades para realizar su trabajo de resiliencia. Ahora bien, las víctimas de un incesto sólo se atreven a hablar de la agresión treinta años después de haberla sufrido, los deportados no se han expresado más que en el momento en que la cultura les ha dado la palabra, cuarenta años después del final del conflicto mundial, y los 200.000 niños que nacieron durante la guerra de madres francesas y de soldados alemanes empiezan hoy el último capítulo de su biografía, tras haber ocultado siempre la sombra enorme que gravitaba sobre su propio origen.

Lo que el niño es, y lo que hace, adquiere para el padre aún mal reparado un significado difícil de comprender, puesto que nadie habla de ese asunto. Es el comportamiento lo que influye en los contrasentidos afectivos que surgen entre los padres y las madres magullado(as) y sus hijos. Cuando la madre que fue víctima de un incesto treinta años antes comprende que su hija experimenta las primeras emociones sexuales, se vuelve aún más miedosa e hiperprotectora. Ahora bien, esa misma madre se eclipsa ante su hijo varón cuando éste llega a la edad de la apetencia sexual.[22] No se pronuncia una sola palabra en el transcurso de estas transacciones de comportamiento, que ocurren sin que los actores tengan conciencia de ellas. La madre no posee una conciencia clara de las fuerzas oscuras que la empujan a sofocar a su hija con una vigilancia invasora y excesiva unida a un exasperante desvelo, mientras que el hijo se extraña de su permisividad extrema, una permisividad que con frecuencia interpreta como una libertad sin freno: «Puedo hacer lo que quiera, incluso no aprobar el bachillerato para ligar más». A veces llega a interpretar ese eclipse como un abandono: «Puedo hacer lo que quiera, de todos modos a mi madre le importa un bledo». ¡Contrasentido total!

El despertar sexual de los adolescentes reaviva la memoria dolorosa de la madre violada y traicionada en la infancia. Lo que ocurre en lo real adquiere unos significados diferentes y organiza unas transacciones de comportamiento que dependen de la historia de los padres. Ésta es la razón de que los adultos que un día fueron niños maltratados se sientan con frecuencia aliviados cuando sus propios hijos llegan a la adolescencia. Casi piensan: «Ahora es demasiado mayor para que lo maltrate. ¡Uf! ¡He ganado! No he repetido el maltrato». La conducta parental tácita provoca unos sentimientos cuya expresión organiza las transacciones de comportamiento, como si los gestos o las mímicas fueran una alusión de lo que no puede decirse: «El despertar sexual de mi hija me angustia, porque me recuerda mi violación. Tengo que protegerla… La apetencia sexual de mi hijo me asusta y me obliga a eclipsarme aún más…». También se puede escuchar: «La adolescencia de mis hijos hace desaparecer mi miedo a repetir el maltrato y hace que nuestras relaciones sean muy joviales». Cuando se tiene una historia, un hecho no puede no ser interpretado.

Hablar del pasado para evitar que se repita

No se puede decir por tanto que una agresión padecida en la infancia sea lo único que permite predecir los comportamientos paternos, ya que el padre herido, en función de la forma en que evolucione su representación del trauma, puede convertirse en alguien que se entromete o que se eclipsa, en alguien que adopta un comportamiento hiperprotector o despegado, o en alguien que se muestra sombrío o alegre. Y ahí es donde reside la fuerza de la resiliencia.

Dado que somos capaces de modificar nuestras representaciones al expresarlas, al compartirlas o al actuar sobre las personas que tenemos cerca y sobre nuestra cultura, podemos constatar que nuestros sentimientos cambian. La reorganización de una representación puede hacer que el recuerdo de una herida pasada resulte soportable: «Ya no me avergüenzo por haber fracasado en el bachillerato, me siento incluso bastante orgulloso de haber montado una empresa y de tener a mis órdenes a directivos que tienen títulos muy prestigiosos». Sin embargo, hay que desconfiar, porque este poder de evocación también puede hacer que regrese el sufrimiento. Gracias a la literatura, Georges Perec pudo salir de la ofuscación que provocó en su infancia la desaparición de sus seres queridos. En 1939, su padre se enrola en la legión extranjera: desaparece. Su madre le acompaña a la estación de Lyon, en París: desaparece. No hay duelo, no hay trauma, simplemente una desaparición, y luego otra, y luego otra. El niño queda alelado pues ya no tiene una figura de vínculo capaz de infundirle ganas de vivir. Está pasmado, y el embotamiento se apodera de él. Hasta el día en que decide hacerse escritor para dar sepultura a sus padres mediante el recurso de hablar de ellos en sus libros. Entonces el niño se despierta, cursa estudios de archivista y se hace autor de novelas. Hasta el día en que un editor le pide que escriba sus recuerdos de infancia.[23] Tras algunas semanas de trabajo, Perec sufre hasta tal punto por el regreso del trauma que tiene que dejar de escribir. El recuerdo resiliente no consiste en hacer regresar el sufrimiento pasado, sino, al contrario, en trasformarlo, en hacer algo con él: una novela, un ensayo o un acto solidario. Esta labor de representación que metamorfosea el pasado y nos hace dueños de nuestros sentimientos se opone al regreso del pasado, que reproduciría el tormento. Para escribir el trauma sin hacer que regrese el pasado hay que integrar esta labor de rememoración en un proyecto, en una intención, en una ensoñación. De ser ése el caso: «Escribir es una manera de enfrentarse a la ausencia del objeto, y la energía de todo proyecto creador se extrae de las fuentes del trauma».[24] Mientras Georges Perec escribió para establecer una relación con sus desaparecidos, la creación de ese vínculo nuevo le reconfortó, y el gran éxito literario de La desaparición[25] debió recrearle mucho. Tras un largo silencio en el que la palabra o la escritura corrían el riesgo de hacer que regresara la muerte, Jorge Semprún recorrió el mismo camino al publicar, casi en la misma fecha, una novela que titula El desvanecimiento.[26] El efecto resiliente consiste en «comprometerse con una labor de escritura [para] enfrentarse a una situación capaz de incluir la relación con una tercera persona ausente».[27] La escritura resiliente consiste en reanudar un vínculo con un desaparecido, no en rumiar el sufrimiento pasado.

La forma de hablar, la organización del enunciado, ¿tendrían la facultad de conferir a esta representación el poder de hacernos pasar de la vergüenza a la alegría, del trauma a la resiliencia? «A los siete u ocho años, me acuerdo de que el día en que ella (mi madre) decidió hablarnos de forma breve y sobria acerca de los peligros que había tenido que correr, me vi muy pronto asaltada por pesadillas nocturnas. Veía que entraban en casa unos alemanes con botas, lo rompían todo, y se llevaban a mis padres a la fuerza. Lloré a escondidas, y después, hacia los 11 o 12 años, empecé a leer sobre el particular. Estaba marcada.»[28] No se transmite el trauma real, sino la experiencia traumática, su representación. En ese caso, si es cierto que sólo percibimos el mundo en el espejo que nosotros mismos orientamos en su dirección, ¿por qué no habríamos de desplazarlo para modificar la imagen? «Los muertos del Holocausto no eran solamente víctimas, tal vez eran dioses sobre un altar. En esa época me alimentaba con la fantasía de que me habría gustado mucho ser un deportado…, si veía a un señor mayor con un tatuaje en el brazo, me parecía que resultaba interesante. Me habría gustado mucho estar en su pellejo para ser objeto de admiración.»[29]

Los matrimonios de la desesperación

Hay dos situaciones: una en la que el trauma opera como una obsesión, y otra en la que se convierte en objeto de admiración. Es necesario que tratemos de comprender esta aparente oposición.

Los jóvenes que volvieron de los campos de la muerte se casaron con urgencia, tan pronto como regresaron a la vida. Estos matrimonios precoces entre supervivientes recibieron el nombre de «matrimonios de la desesperación».[30] Las numerosas investigaciones efectuadas sobre este asunto subrayaron la extrema sensibilidad de los contrayentes, la dolorosa facilidad con la que todo acontecimiento reciente evocaba su pasada desgracia y el efecto prolongado de este inmenso descalabro. Sus hijos tuvieron que desarrollarse en contacto con unos padres aún heridos, lo que les obligó a hacerse responsables de sus mayores, cuya debilidad percibían, a una edad muy temprana. ¿Podemos hablar de transmisión del trauma? ¿O sería más justo decir que esos niños se adaptaron a la parte de sombra que percibían en sus figuras de vínculo?

Los estudios realizados sobre esta cuestión son muy contradictorios. Algunos de ellos sostienen que los hijos de los supervivientes del Holocausto sufren una alteración biológica y que presentan un nivel de cortisol elevado, lo que atestigua la existencia de un constante estrés desencadenado por la alerta más trivial.[31] En cambio, otros científicos muestran que estos niños educados como iconos son «cirios conmemorativos» y que, en términos afectivos, los padres se han vuelto dependientes de ellos.[32]

Las teorías del vínculo permiten aportar otras respuestas,[33] ya que asocian un gran número de enfoques diferentes como el de las entrevistas de vínculo en adultos (EVA) (*Adult Attachment Interview*, esto es, la forma en que los adultos evocan la relación afectiva que tenían con sus padres), el de la medición del grado de ansiedad, el de la cuantificación de la dosis de estrés biológico, el de la realización de escalas que miden el impacto de los acontecimientos, el de las preguntas relacionadas con las situaciones de duelo y con los traumas no resueltos, el de los criterios de adaptación social y el de las observaciones directas del modo en que los padres cuidan a sus hijos.

De esta gigantesca tarea se deduce que:

- los jóvenes que sobrevivieron al Holocausto presentaban claramente un menor número de representaciones de vínculo seguro (23 por ciento) que los grupos de control (65 por ciento),
- que sufrían claramente un mayor número de situaciones de duelo no resueltas,
- ¡pero que estas dificultades no habían sido transmitidas en modo alguno a sus hijos!

¿Y qué es lo que sucede entonces?

Sucede que las entrevistas íntimas arrojan un resultado más coherente que las investigaciones científicas. Todo el mundo se sintió extrañado por el gran éxito social de estos jóvenes supervivientes. Pero cuando se habla con ellos de su vida íntima, se descubre sin esfuerzo que su mundo afectivo estaba desorganizado y que sólo se sentían bien en la claridad esquemática de la aventura social. En su fuero interno experimentaban un grave pesar. Por ello evitaban pensar que fuera posible no amar el cadáver viviente en el que se habían convertido, rehuían la idea de que irradiaban su desgracia y de que iban a comunicársela a los que aceptaban amarles. Se refugiaban en la única actividad que no les hacía sufrir, que dictaba unas reglas vitales claras, que se contentaba con pedirles que se levantaran temprano, se acostasen tarde y no pensaran más que en el trabajo. Ahí, en ese minúsculo sendero social en el que basta con mostrar un poco de ánimo, no sufrían, e incluso se apaciguaban. El dolor nunca estaba lejos, se entristecían por su propia incompetencia afectiva, por no saber decir «mamá», por no atreverse a ser cariñosos, por no inventar nunca un ritual familiar, una pequeña fiesta, una cita afectuosa en la que sus seres queridos se reunieran para compartir una comida o una palabra. «Mi madre hacía el mismo pastel», ¿cómo puede pretender alguien que esta frase amable y trivial pudiese cruzar por sus mentes si nunca tuvieron madre ni pasteles? Creían que a base de trabajar mucho para poder dar mucho lograrían compensar su vínculo desorganizado, su dificultad para dar forma al amor perturbado. Hacían regalos a escondidas porque ni siquiera conocían los gestos del regalo. Algunos tuvieron un gran éxito escolar, pese a que durante la guerra se les había prohibido asistir al colegio. Muchos conocieron un gran éxito social que resultaba sorprendente para aquellos que, tras una infancia apacible en una familia cariñosa, tuvieron dificultades para hacerse con unos cuantos títulos.

Desde aquí puedo oír lo que piensan los malintencionados: «¡Entonces, dice usted que hay que prohibir a un niño ir al colegio para convertirle en un buen alumno, y que hay que encerrarle en un campo de concentración para que alcance el éxito social!». Para evitar semejante pulla, propongo decir que estos jóvenes supervivientes han tenido un éxito mórbido. Estudiaron y trabajaron como locos porque ése era el ámbito en el que menos sufrían, en el que reparaban su propia imagen y en el que recuperaban la esperanza. Este éxito mórbido ilustra la escisión, un proceso que les ofrecía un sendero minúsculo para poder recuperar fuerzas mientras aún se hallaban al borde del abismo afectivo. No supieron amar hasta que una pareja les enseñó con dulzura el vínculo seguro que casi todos habían perdido (el 77 por ciento). Ésta es la razón de que estos «matrimonios de la desesperación» hayan estado llenos de esperanza y permitido que un gran número de traumatizados lograra reparar su imagen y, después, aprender a tejer lentamente un vínculo apacible. Los niños que nacieron en estas parejas llegaron al mundo cuando las obras de la reparación paterna se hallaban en plena actividad. Se vincularon a un padre escindido, valiente y sombrío, que era fuerte en el ámbito social y vulnerable en el terreno afectivo y que invertía un exceso de energía psíquica en su hijo, el cual, por su parte, se sentía dominado e incluso a veces menospreciado debido al éxito de sus padres: «Ellos lograron el triunfo social en unas circunstancias terribles, mientras que yo, a quien se le ha dado todo… Deben despreciarme. Y sin embargo, les noto débiles».

Ha sido frecuente constatar la existencia de contrasentidos afectivos en estas familias. Al no hablar del horror que habían padecido, protegían a sus hijos y no les transmitían el trauma directamente a la psique. Pero al escindirse para sufrir menos y conseguir repararse, impregnaban en el alma de sus hijos un vínculo ambivalente.

Lo que transmite el trauma es la forma en que se habla de él

Los muertos sin sepultura no provocan duelos infinitos cuando, tras el descalabro, su medio social y afectivo permite que se reanude una evolución resiliente. Si el contexto les permitió encontrar una familia de sustitución, los jóvenes huérfanos armenios, judíos o ruandeses no tuvieron que vivir un duelo patológico. Se reanudó un vínculo que les permitió volver a la vida y que en ocasiones les dotó de una valentía patológica. Su resiliencia se puso a trabajar y les procuró una lenta serenidad.

Los hijos de estos padres traumatizados, con un proceso de resiliencia en curso, se relacionaban con unos adultos claros en lo social y sombríos en lo afectivo. La escisión, que es un mecanismo de legítima defensa, una adaptación a la agresión, no alcanza a permitir la resiliencia, pero protege del sufrimiento al padre herido y también a su hijo. Si los niños que fueron ocultados no hubieran sabido guardar el secreto de sus orígenes, habrían desaparecido. Y si, después de la guerra, hubieran desvelado demasiado pronto su parte sombría, habrían transmitido el trauma a sus hijos. Provocaron sin darse cuenta un estilo afectivo ambivalente que de forma paradójica protegió a sus hijos. Gracias a esta costosa defensa, una vez convertidos en adultos, los hijos de los supervivientes no presentan ya diferencias respecto de los hijos de las personas pertenecientes a los grupos de control.[34] En uno de cada tres casos manifiestan un vínculo inseguro, como en toda población, lo que significa que los primogénitos, más ambivalentes, mejoraron con el tiempo y con los encuentros, mientras que los siguientes hijos, por su parte, pudieron desarrollarse junto a unos padres ya reparados. Los adultos heridos y su primer bebé se vieron obligados a realizar un trabajo de resiliencia que les permitió aprender a amar «como todo el mundo», pero más tarde.

Los estilos afectivos que se transmiten más fácilmente son el del vínculo seguro y el del desorganizado.[35] Se trata de una tendencia y no de una fatalidad, ya que la desorganización no es irremediable. Basta con ayudar a que los padres heridos se reparen para interrumpir la transmisión de la angustia. Sólo se transmite el trauma cuando la situación familiar o el contexto cultural construyen prisiones afectivas en las que el padre herido, a solas con su hijo, transmite directamente su sufrimiento. El adulto sólo comunica su trauma (la idea que él se hace de lo que le ocurrió) cuando vive con su hijo una relación de vínculo de fusión, desconectada del mundo.

Después de la guerra, los jóvenes supervivientes evitaron que su entorno y sus hijos sufrieran gracias a la negación, la escisión y la valentía mórbida. Pagaron muy cara esa actitud, pero a pesar de ello hicieron un buen negocio, ya que aquellos que no pagaron ese exorbitante precio transmitieron el trauma o permanecieron instalados en un sentimiento de culpabilidad asociado al hecho de haber sobrevivido. En La Seyne, el lugar donde trabajo, los comunistas se mostraron muy valientes durante la Segunda Guerra Mundial. Algunos de ellos participaron en la Liberación unidos al ejército de Leclerc que desembarcó en Provenza, muchos fueron fusilados por ser resistentes, y otros volvieron de los campos de concentración decididos a contar su historia. Hablaron, conmemoraron, enseñaron fotografías y mantuvieron incesantemente vivo el horror de esa increíble persecución. Su deseo de clamar contra la abominación del nazismo fue tal que nunca practicaron la negación ni metamorfosearon sus sufrimientos.

Sus hijos tuvieron que desarrollarse con la representación cotidiana de la pesadilla. Los padres se mantuvieron enteros, no se escindieron en ningún caso, se mostraron siempre valerosos y comprometidos «para que esto jamás se reproduzca», y sus hijos interiorizaron un mundo invadido por la muerte, la tortura y el espanto.

En el polo opuesto, los adultos que practicaron la negación rehusaron percibir lo que lo real tiene de traumatizante: «Venga, todo eso se acabó…, la vida sigue…, basta ya de lamentos, tampoco nosotros teníamos nada que comer». Éstos quedaron escindidos, lo que quiere decir que «en el seno del psiquismo [existen] dos grupos de fenómenos, incluso dos personalidades, que pueden ignorarse mutuamente».[36] Gracias a ese desorden de la personalidad esos padres no transmitieron el trauma, lo que no significa que no transmitieran nada. Su temperamento curioso, su intensa intelectualidad, su afectividad fuerte aunque expresada en muy pocas ocasiones, generaron en sus hijos un vínculo ambivalente. Y éstos, que admiraban a un padre al que temían, a veces le menospreciaban debido a sus torpezas relacionales.

Los padres heridos que se negaron a callarse para combatir con más energía al nazismo transmitieron en ocasiones un trauma al hacer que sus hijos quedaran inmersos en una representación insoportable. Por el contrario, los padres escindidos, al enquistar su historia, protegieron a sus hijos de la pesadilla. Les enseñaron un vínculo ambivalente, pero ese estilo afectivo es uno de los más plásticos, es aquel cuya evolución resulta más fácil de lograr mediante la realización de una acción que incida en las representaciones transmitidas por los relatos del entorno.

«La mayoría de los deportados esperó a la adolescencia de los hijos para hablar con ellos de la deportación.»[37] Antes, hablaron de ella con su cónyuge, con su familia política o con algunos amigos íntimos, pero las frases, enunciadas con claridad cerca del niño, no podían penetrar en su psiquismo puesto que no tenían ningún significado para él. No se trata de una negación por parte del niño, sino más bien de una sordera psíquica por la cual no resulta posible oír una información que carece de sentido. «He vuelto a ver a uno de los *kapos* con los que estuve en Auschwitz. Fue absuelto tras la Liberación. Me ha producido una impresión muy rara.» Al ser oída por un niño de menos de 10 años, esta frase podría adquirir un sentido muy próximo a éste: «He vuelto a ver a uno de los tenderos con los que estuve en Bénodet. Ha cerrado la tienda. Me ha producido una impresión muy rara». No vale la pena grabar esto en la memoria, y no puede participar en la identidad del niño cuyo padre acaba de hablar de este modo.

En cambio, cuando se llega a la adolescencia, a la edad de la socialización, las palabras «Auschwitz» y «*kapo*» se encuentran ya cargadas de sentido. Y, al llegar ese momento, el joven queda alertado por una frase de este tipo: a condición de que la relación verbal entre padre e hijo se mantenga en la adolescencia, lo que no siempre sucede; a condición de que el cónyuge no haga callar al antiguo herido para no sentirse incómodo; a condición de que la familia y los amigos se interesen por esta información; a condición de que la cultura dé la palabra a los heridos, pues es frecuente que tienda a silenciarlos para conservar la tranquilidad. Cuando los relatos del entorno pueden exponerse libremente, «uno de cada dos descendientes dice haber escuchado [algo similar] cuando era niño…, y el otro "tomó conciencia de ello" en los primeros años de la adolescencia».[38] Sin embargo, «el 20 por ciento de estos descendientes nunca pudo hablar del asunto».[39]

Pasar de la vergüenza al orgullo

De este modo, el vínculo ambivalente de los primeros años evolucionó cuando el adolescente, al socializarse, encontró de pronto interesante el relato de la herida pasada de su padre. Cuando los descendientes de los heridos llegan a la edad adulta, es frecuente que hayan resuelto la ambivalencia por medio de su primer amor, y también que hayan cambiado la forma de ver el sufrimiento de sus padres.

En esta población de descendientes de padres heridos se advierte que el 87 por ciento de los niños alcanzaron finalmente un sentimiento de orgullo en relación con sus padres deportados o muertos por militar en la resistencia o por alistarse en el ejército. El combate del padre ofrece a los hijos una representación glorificadora aunque esa representación no haya sido expresada en público. El niño imagina lo siguiente: «Mi padre se alistó en la legión extranjera. El ejército le concedió una mención honorífica antes de que quedara inmovilizado en una cama de hospital». Aun en el caso de que esta representación permanezca confinada en el fuero interno, el niño sabe que un día podrá relatarla en estos términos.

La historia parental que el adolescente escenifica en su dramaturgia interior provoca sentimientos que pueden ser modificados mediante la realización de acciones que incidan en la cultura, en los discursos políticos, en los ensayos filosóficos y en las obras de arte. Esta representación puede evolucionar cuando cambian los intereses del descendiente: «Me burlaba [de la historia de mis padres], tenía miedo de ella, me aburría, y, sin embargo, ahora me apasiona descubrir su difícil trayectoria. Como en una tragedia griega, ambos tuvieron que superar pruebas increíbles. Proyectaron sobre mí su enigmática sombra, y eso me convirtió en un niño inseguro, soñador, obligado a una vida intelectual. Me hice psicoanalista para ser capaz de metamorfosear sus sufrimientos en una historia sublime, en un relato que me permitiera entender los elementos ocultos de nuestra condición. Estaba orgulloso de lo que había heredado, orgulloso de que los dos me hubieran transmitido esa dificultad, ese interrogante permanentemente abierto que me hizo más fuerte..., que me dio un sentimiento de orgullo por mi apellido».[40]

La evolución inevitable de los relatos culturales, de los intereses del niño y de la tarea de liberación del herido explica la asombrosa facilidad con la que se establece el diálogo entre los antiguos traumatizados y sus nietos.[41] Con el tiempo, dado que el trabajo de resiliencia de los abuelos ha logrado avances notables y que han luchado para cambiar las representaciones íntimas y sociales, sus nietos no se ven obligados a padecer el efecto ambivalente que produce la sombra de la magulladura. La relación es más clara y el vínculo más ligero. Ambas partes consiguen hablar de esa sombra con placer. Sí, con placer: el placer del antiguo herido que, al hacerse resiliente, no tiene ya que confesar un sentimiento de vergüenza ni de sufrimiento. Lo que este herido refiere a sus nietos es el relato de una victoria sobre la abominación, y éstos le escuchan maravillados por tener una abuela magnífica que supo vencer a los malos y hacerse amable. Siegi Hirsh dice: «Queridos nietos: es la primera vez que no digo que los números que llevo tatuados en el brazo son los de un número de teléfono. Se lo explico, y a continuación les hablo como un abuelo».[42]

El primer hijo de unos traumatizados nació mientras sus padres aún sangraban. Los hijos menores padecieron menos bajo el peso de la magulladura paterna, pero sufrieron con mayor intensidad el golpe de sus conflictos mudos. Todos sintieron la sombra, el enigma inquietante que roza la angustia pero que puede incitar al placer de las excavaciones arqueológicas. Entre estos niños fue grande el número de los que se convirtieron en artistas, en descubridores de criptas, en exploradores de abismos, pues no otra cosa son los novelistas o los psicoanalistas. Estos viajes a los mundos íntimos les proporcionaron el dulce cansancio del esfuerzo y el placer del descubrimiento, y esto último apaciguó su ambivalencia. El proceso de resiliencia de los hijos de los resilientes dio a los nietos unos padres creadores y unos abuelos magníficos. Cuando el trauma obliga a una transformación que es consecuencia del derrumbamiento psíquico que el propio trauma ha provocado, la resiliencia invita a una metamorfosis que transforma el desgarro en fuerza, la vergüenza en orgullo.

Estamos lejos de las causalidades lineales, en las que un agente provoca un efecto que, supuestamente, se agrava con las generaciones. En las teorías de la resiliencia, el sujeto se ve sometido a la influencia de una constelación de determinantes y en ella se debate y va a buscar intencionadamente unos tutores sobre los que poder apoyarse para reanudar su desarrollo.

La transmisión de la desgracia está lejos de resultar fatal

Ésta es la razón de que el ejemplo de los hijos de los deportados resulte quizás excesivamente claro: el Mal está de un lado y el Bien acaba triunfando como en la moraleja de un cuento popular. ¿Cómo se las van a arreglar para hacerse resilientes los niños maltratados que quieren proteger al padre que los trata con brutalidad? ¿Cómo se las van a arreglar los niños que han sido víctimas de un incesto y que experimentan simultáneamente un sentimiento de vergüenza y de placer?[43] Eso agrava su trauma, porque las categorías están menos claras y porque es frecuente que sus vecinos añadan una nueva agresión al negarse a creer que su amable papá haya podido hacer algo semejante.

Los niños que fueron ocultados durante la guerra convivían todos los días con la muerte. Un vecino les podía denunciar por una simple frase que se les escapara, un miembro de la Gestapo o de las SS podía matarles, así, sin más, por una mirada. El tormento era real, pero sabían de dónde venía el mal y quién les protegía. El Diablo encarnaba en una ideología social, y los Justos les salvaban en virtud de su afecto. Tras la guerra, hubo adopciones en el interior de las propias familias, adopciones con frecuencia felices. En algunos casos, las familias de acogida fueron reparadoras, mientras que en otros resultaron tan sórdidas como la familia Thénardier que describe Víctor Hugo en *Los miserables*. Muchos niños no pudieron volver al colegio, no recibieron ayudas para estudiar porque no tenían ningún certificado que acreditase la defunción de sus padres desaparecidos y, tras haber aprendido a callarse para sobrevivir, continuaron callados en tiempos de paz. Deseosos de ocultar su monstruosidad, parecían raros y se aislaban aún más.

La situación de muchos huérfanos de guerra no fue más extenuante. En aquellos casos en los que, por fortuna, habían tejido antes de la catástrofe los primeros nudos de un vínculo seguro para, a continuación, ver como se llevaban repentinamente a sus padres, los niños permanecieron fieles a esa imagen y siguieron desarrollando un vínculo sano con una persona desaparecida.[44] Ese vínculo era perfecto debido a que los padres muertos no podían cometer ya ningún error educativo. Esos niños reaccionaron fortaleciendo aún más su fidelidad a los deseos de los padres difuntos. Y de pronto, un vecino o un archivo desvela la ambición del padre fallecido: «Al traerte al mundo, tu madre dijo: "Éste niño será médico"». Esta revelación confirió a ese deseo de ultratumba una autoridad no negociable. Entonces, el vínculo siguió conservando su condición ideal tras la muerte de la madre y el imperativo intergeneracional hizo asumir al niño una misión trascendente. Esto explica la valentía patológica que conduce a los éxitos mórbidos que tanto admira nuestra cultura.

La transmisión de la desgracia está lejos de resultar fatal. En ocasiones, los que sufrieron la sacudida permanecieron muertos, pero los que resistieron tuvieron la experiencia de un mundo íntimo configurado al modo de un oxímoron: «No sólo se sentían abrumados por el horror del que habían sido testigos, [también tenían] la sensación de haber sido salvados por obra de un milagro».[45] La segunda generación se desarrolla en contacto con unos padres que se hallan en plena labor de resiliencia. «Aturdidos por el estrépito de lo no dicho, situados frente a un vacío asediado por fantasmas»,[46] salen del apuro mediante el recurso de convertirse en descifradores de enigmas o en reparadores de mundos mentales. De este modo, la tercera generación restaura los vínculos familiares al descubrir el placer de interrogar a la primera generación, a la generación que, en el pasado, sufría en el plano real.

Es imposible no transmitir; el simple cuerpo a cuerpo basta. Ahora bien, lo que transita entre las almas puede transportar tanto la felicidad como la desgracia. Cuando el trauma provoca una sombra, los relatos del entorno pueden hacer que de esa sombra surjan sapos o princesas. Ésa es la fuerza de los cuentos, la difícil esperanza de la resiliencia.

VII
CONCLUSIÓN

Conocí bien al señor Supermán. Durante bastante tiempo seguí su evolución mediante una serie de sesiones de psicoterapia. Sufría una grave neurosis de destino que le hacía creer que su existencia estaba gobernada por una potencia invisible que le empujaba a volar en auxilio de toda persona en peligro. Esta repetida obligación daba al señor Supermán la sensación de que, muy a su pesar, estaba abocado al «retorno periódico de acontecimientos que se encadenaban como en una dramaturgia idéntica».[1]

Esto afectó mucho al señor Supermán.

Lo que le permitió descubrir el enigma de esta repetición fue un sueño. Cuando era un pequeño huérfano alojado en una institución anónima le asombraba despertarse con la conciencia de haber tenido con mucha frecuencia un sueño en el que le bastaba con levantar los brazos y girar las piernas como quien anda en bicicleta para elevarse suavemente en el cielo. Siempre que se sentía desgraciado durante el día, durante la noche tenía ese sueño de liberación próxima al éxtasis. Sin embargo, el despertar era triste, ya que el descenso le devolvía a la desesperante realidad. Para sufrir menos por causa de su inexistencia, se las ingeniaba para ponerse en situaciones difíciles en las que al menos se sentía un poco vivo. El influjo del pasado le empujaba a repetir lo que había aprendido.

El señor Supermán no era feliz porque ese mecanismo de defensa, que había tenido su utilidad cuando era niño, se había transformado con la edad en un destino que le obligaba a repetir una dramaturgia que ya no necesitaba. «La desgracia me arrastra», decía con tristeza. «Busco en lo real las situaciones que me aportan una sensación de vida. Tan pronto como terminan mis hazañas, el retorno a lo cotidiano confirma la nulidad de mis días, una situación contra la que lucho mediante la realización de un puñado de proezas.» «Los aprietos forjan el yo porque consolidan su capacidad para mantener a la persona viva ante el peligro»,[2] añadía con amargura. Al haber puesto de este modo en marcha una estrategia de existencia, se sometía con un placer extraño a la maniobra defensiva, y se preguntaba de dónde le venía esta insólita obligación. En esa época no sabía que el destino transformase en esclavos a quienes se creen lo que inventan.

Era por tanto preciso liberarse de una defensa que, en su momento, había protegido al señor Supermán pero que, hoy, le aprisionaba en su pasado.

El desgarro traumático provoca antes un aturdimiento que una tortura, hasta el punto de que algunos heridos dan la impresión de hallarse inmersos en una extraña indiferencia: «Ya no sufro, dejo incluso de existir»,[3] suspiran.

Se puede permanecer muerto, es la solución más cómoda, e incluso la que más gustosamente acepta nuestra cultura. «Después de lo que le ha pasado, dése usted cuenta, ha quedado fastidiado para toda la vida.» Un exceso de compasión condena a la muerte psíquica, y si por desgracia el descalabrado lucha por volver a la vida, corre el riesgo de provocar un escándalo: «¡Qué! ¡Está bailando! ¡Se muestra feliz al volver del cementerio!». Llevar luto durante mucho tiempo hace creer que uno posee una moral virtuosa, y es frecuente que se juzgue negativamente a las viudas alegres. Alguien que ha sido herido en el alma sólo puede parecer moral si sufre constantemente. Cuando, por desgracia, logra salir del apuro, su restablecimiento relativiza el crimen del agresor. La resiliencia resulta sospechosa, ¿no cree usted?

Si se valora la importancia de un crimen por la gravedad de sus consecuencias, no es extraño que se juzgue así la vuelta a la vida. Tengo la impresión de que, en las sociedades en vías de construcción, nos identificamos con el agresor, admiramos la fuerza del que se impone y conoce los medios para conseguir que triunfen sus ideas sociales. Por el contrario, en las sociedades establecidas, la identificación con el agredido permite parecer virtuoso y democrático. Quien está bien instalado en la vida se costea una sensación de moralidad al decir que comparte el sufrimiento de los heridos.

El señor Supermán ilustra esta forma de vivir en una cultura en la que el pobre, el débil y el necesitado pueden demostrar en un momento dado que no andan tan desfallecidos como parece puesto que son capaces de acudir rápidamente en auxilio de los agredidos sin abandonar por ello su condición humilde. Nuestro héroe ilustra este vuelco por el que un ser humano pasa de un estado en el que es el injusto dominado a otro en el que deviene el justo dominador.

La resiliencia es una tercera vía que evita tanto la identificación con el agresor como la identificación con el agredido. En un proceso resiliente, lo que se precisa es descubrir cómo se puede volver a la vida sin repetir la agresión ni llevar una vida de víctima. En el momento de la desgracia, todos, absolutamente todos, dicen: «Me gustaría volver a ser como todo el mundo». Y en el momento en el que algunos empiezan a levantar cabeza, todos, absolutamente todos, dicen: «He tenido mucha suerte, sabéis». Estamos aquí en el polo opuesto de la ideología del superhombre, que implícitamente contiene a la del subhombre.

La resiliencia intenta responder a dos preguntas:

- ¿Cómo es posible conservar la esperanza cuando uno está desesperado? Los estudios sobre el vínculo proporcionan una respuesta.
- ¿Cómo me las arreglé para salir adelante? Las investigaciones sobre los relatos íntimos, familiares y sociales explican de qué modo puede modificarse la representación de las cosas.

Un herido no puede volver a la vida de forma inmediata.

Resulta difícil bailar cuando uno ha quedado descalabrado. Tras el hundimiento, es preciso vivir un cierto tiempo de anestesia para recuperar la calma y volver a encontrar la esperanza. El entumecimiento psíquico que sigue al desgarro explica la negación que preside la percepción del horror: «Sí, he padecido un atentado. Había muertos y alaridos a mi alrededor. Tenía graves quemaduras. ¿Y qué? ¡Conocí la guerra de Argelia y estoy aquí para contarlo! La vida continúa». No existe conflicto en este tipo de razonamiento. Son los demás los que no comprenden nada. «Una enorme parte de mi psiquismo tiene una escara, ¿y qué…? ¡La vida sigue!»

Si uno echa a andar demasiado pronto después de una colisión, la fractura se agrava; si se tienen demasiadas prisas para hablar del choque, se mantiene el desgarro. Sin embargo, un día no habrá más remedio que dejar de vivir con la muerte y será preciso, para recuperar un poco de felicidad, que nos liberemos de ese pasado magullado. Entonces actuamos, nos comprometemos, hablamos de otra cosa, escribimos una historia en tercera persona para expresarnos con un poco de perspectiva, la perspectiva que nos permite dominar la emoción y recuperar la posesión de nuestro mundo íntimo.

En el largo camino de la resiliencia, los primeros pasos se dan después del descalabro, tan pronto como un ascua de vida vuelve a arrojar un poco de luz en el mundo que el golpe ha ensombrecido. Entonces, cesa la muerte psíquica y comienza la tarea de volver a la vida.

Se da la circunstancia de que la época del enamoramiento, de la formación de la pareja, constituye precisamente un período sensible en el que uno reorganiza su pasado, en el que los futuros compañeros se implican en ese encuentro con todo lo anteriormente adquirido para realizar la vida con la que sueñan: «¿Quién soy yo para hacerme amar?». Esta pregunta funda la pareja y establece el pacto implícito que habrá de gobernarla y darle su estilo.

A partir de ese momento, todos los días, en cada desayuno, en cada «buenas noches», actúan los milagros maquinales y la riqueza de lo trivial, capaces de tejer un nuevo vínculo y de alumbrar una existencia diferente.

> Y sin embargo, es preciso que haya canto.
> No puedo ser únicamente un grito.
> Escuchad cómo lloran en vuestro interior
> Las historias del pasado.
> El terrible grano que siembran
> Hace que maduren con cada poema
> Las rebeldías renovadas.[4]

El privilegio del poeta es que puede decir en unos cuantos versos lo que a mí me ha ocupado ciento setenta y seis páginas.

NOTAS

I. Introducción

1. E. Rostand, «Se cree en la luz cuando se está en tinieblas», en Catherine Schmutz-Brun, *La Maladie de l'âge*, FAPSE, Universidad de Ginebra, coloquio de Fontevraud, 22 de mayo de 2003.
2. B. Hoerni, *L'Archipel du cancer*, París, Le Cherche-Midi, 1994, pág. 54.
3. F. Chapuis, en J. Alessandri, «À propos de la résilience», memoria para la obtención del diploma universitario de victimología, París, Universidad René-Descartes, 1997, pág. 25.
4. A. Jollien, *Éloge de la faiblesse*, París, Cerf, 1999.
5. P. Gutton, comunicación personal, Jornadas de psicoanálisis en torno a Jean Laplanche, «Le crime sexuel», Aix-en-Provence, 27 de abril de 2002.
6. S. Freud, *Correspondence*, «Lettre du 19 septembre 1930», París, Gallimard, pág. 436. P. Sabourin, *Ferenczi. Paladin et le grand vizir secret*, París, Éditions universitaires, 1985, págs. 150-151.
7. R. Spitz, *La Première Année de la vie de l'enfant*, París, PUF, 1963, pág. 122. [Trad. castellana: *El primer año de vida del niño*, Madrid, Aguilar, 1993.]
8. A. Freud, *ibíd.*, Prefacio.
9. J. Sandler, *L'Analyse des défenses. Entretiens avec Anna Freud*, París, PUF, 1989.
10. J. Bowlby, *Attachement et perte*, París, PUF, 3 tomos, 1978-1984. [Trad. castellana: *El apego y la pérdida*, Barcelona, Paidós, 1998.]
11. P. Aulagnier, *L'Apprenti-historien et le maître sorcier*, París, PUF, 1984.
12. J. Bowlby, comunicación para el 139 congreso de la Asociación psiquiátrica estadounidense, Washington, 10-16 de mayo de 1986, traducido en: «L'avènement de la psychiatrie développementale a sonné», *Devenir*, número especial dedicado a John Bowlby, *L'Attachement*, vol. 4, n.º 4, 1992, pág. 21.
13. P. Levi, «Hier ist kein warum», *Si c'est un homme*, París, Robert Laffont, 1996. [Trad. castellana: *Si esto es un hombre*, Barcelona, El Aleph, 1998.]
14. C. de Tichey, en M. Anaut, «Trauma, vulnérabilité et résilience en protection de l'enfance», *Connexions*, n.º 77, 2002, pág. 106.
15. G. de Gaulle-Anthonioz, prólogo a la obra de G. Tillion, *La Traversée du canal*, conversaciones con Jean Lacouture, París, Arléa, 2000.
16. «À bâtons rompus avec Germaine Tillion», *Le Patriote résistant*, n.º 21, 726, abril de 2000.
17. J. Guillaumin, *Entre blessure et cicatrice*, Seyssel, Champ Vallon, 1987, págs. 196-198.

II. La resiliencia como antidestino

1. J.-L. Godard, *Éloge de l'amour*, Film Réminiscence, 2001.
2. G. Haldas, *Mémoire et résurrection* (cita sustancial), Lausana, L'Âge d'Homme, 1991, págs. 167-168.
3. Ejemplo ya citado en B. Cyrulnik, *Sous le signe du lien*, París, Hachette, 1989, págs. 225-226. [Trad. castellana: *Bajo el signo del vínculo*, Barcelona, Gedisa, 2005.]
4. D. L. Schacter, *À la recherche de la mémoire*, Bruxelles, Universidad De Boeck, 1999.
5. M. Nowak, *La Banquière de l'espoir*, París, Albin Michel, 1994, pág. 108.
6. *Ibíd.*, pág. 126.
7. J. Gervet, M. Pratte, *Éléments d'éthologie cognitive*, París, Hermès Sciences Publications, 1999, págs. 47-61.
8. Parece que se trata de un recuerdo erróneo, ya que las asociaciones dedicadas a Charles Péguy no han encontrado esta cita. Tal vez se trate de una interpretación personal de la idea de William James: «La vida mental es antes que nada una finalidad», en William James [1908], *Précis de psychologie*, París, Marcel Rivière, 1932.
9. P. Karli, *Le Cerveau et la liberté*, París, Odile Jacob, 1995, págs. 303-306.
10. A. C. Adler, *Un idéal pour la vie*, traducción francesa de Roger Viguier, París, L'Harmattan, 2001, pág. 45.
11. Z. Laïdi, *Le Sacre du présent*, París, Flammarion, 2000, en N. Aubert, «Le temps des urgences», *Cultures en mouvement*, agosto de 2003, n.° 59.
12. OMS: Organización Mundial de la Salud.
13. N. Sartorius, congreso internacional IFOTES, Liubliana, Eslovenia, julio de 2003, págs. 7-8; y N. Sartorius, *Fighting for Mental Health*, Cambridge, Inglaterra, Cambridge University Press, 2002.
14. V. E. Frankl, *Découvrir un sens à sa vie*, Montréal, Les Éditions de l'Homme, 1993, pág. 161.
15. L. Marin, *De la représentation*, París, Seuil, 1994, pág. 169.
16. *Ibíd.*
17. J.-L. Viaux, «Comment parler de soi», en R. Perron (comp.), *Les représentations de soi*, Toulouse, Privat, 1991, pág. 49-53.
18. P. de Roo, *Mécaniques du destin*, París, Calmann-Lévy, 2001, pág. 19.
19. J. Hatzfeld, *Dans le nu de la vie. Récits du marais rwandais*, París, Seuil, 2000, pág. 161.
20. «*La Gazette des tribunaux*, 11-12 janvier 1892», en G. Vigarello, *Histoire du viol*, París, Seuil, 1998, pág. 231.
21. «Sainte Thérèse d'Avila», en P. de Roo, *Mécaniques du destin*, *op. cit.*

III. Cuando el encuentro es un reencuentro

1. «Período sensible: momento de la vida de un organismo que está volviéndose particularmente apto para determinados aprendizajes. Durante el período

ontogénico, ciertas influencias del entorno dejan una huella más estable y más duradera que una experiencia equivalente o más intensa producida fuera de los límites de esta fase», en K. Immelman, *Dictionnaire de l'éthologie*, Bruselas, Mardaga, 1990.

2. K. R. Merikangas, y J. Angst, «The challenge of depressive disorders in adolescence», en M. Rutter (comp.), *Psychosocial Disturbances in Young People: Challenges for Prevention*, Cambridge, Cambridge University Press, 1995, págs. 131-165.

3. A. C. Petersen, B. E. Compas, J. Brooks-Gunn, M. Stemmler, S. Ey y K. E. Grant, «Depression in adolescence», *American Psychologist*, 1993, n.º 48, págs. 155-158.

4. B. Ambuel, «Adolescents unintended pregnancy and abortion: the struggle for a compassionate social policy current directions», *Psychological Science*, 1995, n.º 4, págs. 1-5.

5. J. Bowlby, *Attachment and Loss*, vol. 1, Nueva York, Basic Books, 1969.

6. R. Miljkovitch, «L'attachement au niveau des représentations», en N. Guedeney y A. Guedeney, *L'attachement. Concepts et applications*, París, Masson, 2002, págs. 27-28.

7. A. Guedeney, «De la réaction précoce et durable de retrait à la dépression chez le jeune enfant», *Neuropsychiatrie de l'enfant et de l'adolescent*, 1999, n.º 47 (1-2), págs. 63-71.

8. B. Egeland y E. Farber, «Infant-mother attachment: factors related to its development and changes over time», *Child Development*, 1984, n.º 55, págs. 753-771.

9. J. Lecomte, *Guérir de son enfance*, París, Odile Jacob, 2004, pág. 42.

10. M. H. Ricks, «The social transmission of parental behavior: attachment across generations», *Monographs of the Society for Research in Child Development*, 1985, n.º 50 (1-2), pág. 227.

11. En la actualidad, Catherine Enjolet impulsa una asociación que ofrece este tipo de regalo relacional a los niños con dificultades: «Parrain par mille», calle Mouffetard n.º 25, 75005, París.

12. R. L. Paikoff, S. Brook y J. Gunn, «Physiological processes: what role do they play during the transition to adolescence?», en R. Montemayor, G. R. Adams, *A Transitional Period?*, Newbury Park, California, Sage, 1990, págs. 63-81.

13. P. C. Racamier, *L'Inceste et l'incestuel*, París, Colegio de psicoanálisis grupal y familiar, 1995: «[...] impronta de un incesto no vivido como fantasía, sin que tengan que verificarse necesariamente las formas genitales». Buscar la oportunidad para vestir la ropa interior de la madre, o sorprender con placer un juego erótico de los padres genera en el niño un aroma incestuoso.

14. H. Freeman, «Who do you turn to: individual differences in late adolescence perception of parents and peers as attachment figures», tesis doctoral, Universidad de Wisconsin, 1997, en F. Atger, *Attachment et adolescence*, París, Masson, 2002, págs. 127-135.

15. H. Bee y D. Boyd, *Psychologie du développement. Les âges de la vie*, Bruselas, Universidad De Boeck, 2003, págs. 297-299.

16. J. E. Fleming, «Prevalence of childhood and adolescent depression in the community, Ontario child health study», *British Journal of Psychiatry*, 1989, n.º 15, págs. 647-654.

17. P. Jeammet, «Les risques de décompensation dépressive à l'adolescence et la démarche préventive», en C. de Tichey, *La Prévention des dépressions*, París, L'Harmattan, 2004.

18. R. Miljkovitch, «Attachement et psychopathologie durant l'enfance», en N. Guedeney, *L'attachement. Concepts et applications, op. cit.*, págs. 121-125.

19. J. P. Allen y D. J. Land, «Attachment in adolescence», en J. Cassidy y P. Shauer (comps.), *Handbook of Attachment: Theory, Research and Clinical Implications*, Nueva York, Guilford Press, 1999, págs. 595-624.

20. B. Cyrulnik, «De l'attachement à la prise de risque», en J.-L. Venisse, D. Bailly y M. Reynaud (comps.), *Conduites addictives, conduites à risques: quels liens, quelle prévention?*, París, Masson, 2002, págs. 75-81.

21. B. Cyrulnik, en M. Versini (comp.), «Les enfants des rues», coloquio de la UNESCO, 25 de enero de 2002.

22. J. Waldner, «Le placement en institution», en J.-P. Pourtois (comp.), *Blessure d'enfant*, Lovaina, Universidad De Boeck, 1995, pág. 253.

23. Para la teoría de la impronta, véase B. Cyrulnik, *Sous le signe du lien*, París, Hachette, 1989 [Trad. castellana: *Bajo el signo del vínculo*, Barcelona, Gedisa, 2005.]; *Les Nourritures affectives*, París, Odile Jacob, 1991; *Les Vilains Petits Canards*, París, Odile Jacob, 2001 [Trad. castellana: *Los patitos feos*, Barcelona, Gedisa, 2001.]; y F.-Y. Doré, *L'Apprentissage, une approche psycho-éthologique*, París-Quebec, Maloine, 1983.

24. D. Bauman, *La Mémoire des oubliés*, París, Albin Michel, 1988, pág. 205-206.

25. M. Lemay, «Les difficultés sexuelles de l'adolescence», *Psychiatries 6*, n.º 64, 1984, pág. 57-64; y «Carences primaires et facteurs de risque de dépression postnatale maternelle», en C. De Tichey, *La Prévention des dépressions, op. cit.*

26. A. F. Valenstein, «Une fille devient femme: le caractère unique du changement de l'image de soi pendant la grossesse», en E. J. Anthony y C. Chiland, *Prévention en psychiatrie de l'enfant en un temps de transition*, París, PUF, 1984, pág. 135.

27. M. Silvestre, «Pathologie des couples», curso para la obtención del diploma universitario, Toulon, 17 de enero de 2004.

28. E. Werner y S. Smith, *Vulnerable but Invincible*, Nueva York, Mc Graw Hill, 1982.

29. C. García, L. M. Reza y A. Villagran, «Promoción de resiliencia en niñas y jóvenes con antecedentes de abandono y maltrato», Aldeas Infantiles SOS, Tijuana, México, 2003.

30. E. Roudinesco, prefacio al libro de Jenny Aubry, *Psychanalyse des enfants séparés*, París, Denoël, 2003, pág. 26.

31. Véase el balance de estas experiencias en B. Cyrulnik, *Sous le signe du lien*, op. cit.

32. J. Aubry, «La carence de soins maternels», *op. cit.*, págs. 26-28.

33. J. Bowlby, «L'avènement de la psychiatrie développementale a sonné», *Devenir*, vol. 4, n.º 4, 1992, pág. 21.

34. Testimonio de Marie-Rose Moro tras haber sido recibida por una ministra de Asuntos Familiares de América del Sur para hablar de los niños de las calles.

35. M. Rutter, «La séparation parents-enfants, les effets psychologiques sur les enfants», *Psychiatrie de l'enfant*, 1974, XVII, 2, págs. 479-514.

36. C. Dickens, *Oliver Twist*, 1838, París, Gallimard, 1973, pág. 37. [Trad. castellana: *Oliver Twist*, Madrid, Anaya, 1994.]

37. J.-M. Périer, *Le Temps d'apprendre à vivre*, París, XO, 2004, pág. 92.

38. L. Aragon, «Il n'y a pas d'amour hereux», en *La Diane française*, París, Seghers, 1946.

39. M. David, *Le Placement familial de la pratique à la théorie*, París, ESF, 1989, pág. 44.

40. B. Cyrulnik, *Le Murmure des fantômes*, París, Odile Jacob, 2002, págs. 110-114 [Trad. castellana: *El murmullo de los fantasmas*, Barcelona, Gedisa, 2003]; y J.-F. Legoff, *L'Enfant, parent de ses parents*, París, L'Harmattan, 2000.

41. J. Plaquevent, *Le Premier Droit de l'enfant*, París, De Fallois, 1996, págs. 109-119.

42. C. B. Stendler, «Possible causes of overdependency in young children», *Child Development*, 1954, n.º 25, págs. 125-146.

43. J. Bowlby, *Attachement et perte*, tomo II, *Séparation, angoisse et colère*, París, PUF, 1978, págs. 318-319.

44. J. Newson y E. Newson, *Four Years Old in an Urban Community*, Chicago, University of Chicago Press, 1968.

45. S. Freud, *Trois Essais sur la théorie sexuelle*, París, Gallimard, 1987. [Trad. castellana: *Tres ensayos sobre teoría sexual*, Madrid, Alianza, 1995.]

46. J. Bowlby, *Attachement et perte*, tomo II, *op. cit.*, pág. 323.

47. F. Hurstel, «Psychopathologie ordinaire du lien familial. Enfant sujet, parents objets?», *Le Journal des psychologues*, n.º 213, enero de 2004, pág. 21.

48. D. Marcelli, *L'Enfant, chef de famille. L'autorité de l'infantile*, París, Albin Michel, 2003, págs. 254-257.

49. S. Lesourd, «La "passion de l'enfance" comme entrave posée à la naissance du sujet», *Le Journal des psychologues*, n.º 213, enero de 2004, págs. 22-25.

50. J.-P. Chartier y L. Chartier, *Les Parents martyrs*, Toulouse, Privat, 1989.

51. B. Cyrulnik, «Les muets parlent aux sourds», en «La mémoire de la Shoah», *Le Nouvel Observateur*, número extraordinario, enero de 2004.

52. Kiyoshi Ogura (1980), «Alternance de séduction, de symbiose et d'attitudes meurtrières des enfants japonais envers leur mère: syndrome d'une ère nouvelle?», en E. J. Anthony y C. Chiland, *Prévention en psychiatrie de l'enfant en un temps de transition*, *op. cit.*, págs. 319-325.

53. *Ibíd.*, pág. 323.

54. M.-C. Holzman, Jornadas de la Unicef, París, 17 de abril de 1996.

55. G. Wahl, *Epsylon*, Labos Boots-Darcour, n.º 4, 1989.

56. M. J. Paulson, R. H. Coombs y J. Landsverk, «Youth who physically assault their parents», *J. Fam. Violence*, 1990, 5, 2, págs. 121-133.

57. S. Honjo y S. Wakabayashi, «Family violence in Japan: a compilation of data from the department of psychiatry», Nagoya, 1998, citado en el artículo indicado en la nota siguiente.

58. M. Dugas, M.-C. Mouren y O. Halfon, «Les parents battus et leurs enfants», *Psychiatrie de l'enfant*, 1985, n.º 28, págs. 185-220.

59. B. Cyrulnik, A. Alameda y P. Reymondet, «Les parents battus: de la séduction à la soumission», en M. Delage, Congreso de neurología y de psiquiatria en lengua francesa, Toulon, 14 de junio de 1996.

60. A. C. Laurent, J. Boucharlat y A.-M. Anchisi, «À propos des adolescents qui agressent physiquement leurs parents», *Annales médico-psychologiques*, 1997, 155, n.º 1.

61. C. Delannoy, *Au risque de l'adoption. Une vie à construire ensemble*, París, La Découverte, 2004, pág. 88.

62. L. Keltikangas-Jarvinen, «Attributional style of the mother as a predictor of aggressive behavior of the child», *Agress. Behav.*, 1990, vol. 1, págs. 1-7.

63. C. Delannoy, *Au risque de l'adoption. Une vie à construire ensemble, op. cit.*, págs. 89-90.

64. I. Kershaw, *Hitler 1889-1936*, París, Flammarion, 1998.

65. *Ibíd.*, pág. 48.

66. *Ibíd.*

67. *Ibíd.*, pág. 49.

68. *Ibíd.*, pág. 71.

69. *Ibíd.*, pág. 49.

70. *Ibíd.*, pág. 58.

71. *Ibíd.*, pág. 55.

72. J. Guillaumin, *Entre blessure et cicatrice. Le destin du negatif dans la psychanalyse*, Seyssel, Champ Vallon, 1987, pág. 191.

73. A. Marthur y L. Schmitt, «Épidémiologie de l'ESPT après un traumatisme collectif», *Stress et Trauma*, 2003, 3 (4), pág. 216.

74. J. Bergeret, *La violence fondamentale*, París, Dunod, 1985.

75. J. Guillaumin, *Entre blessure et cicatrice, op. cit.*, pág., 198.

76. S. Freud, «Lettre à Lou Andreas-Salomé, 1er août 1919», citado en P. Gay, *Freud, une vie*, París, Hachette, 1991, págs. 604-605 y nota pág. 126.

77. *Internal Working model*, traducido en esta obra como Modelo Interno Operativo (MIO) [en lugar de Modelo Operatorio Interno (MOI), como propone Cyrulnik en el presente libro. *(N. del T.)*], en J. Bowlby, *Attachement et perte*, París, PUF, 1969.

78. A. Guedeney, «De la réaction précoce et durable de retrait à la dépression chez le jeune enfant», *Neuropsychiatrie de l'enfant et de l'adolescent*, 1999, 47 (1-2), págs. 63-71.

79. C. Hazan y P. Shaver, «Attachement as an organization framework for research on close relationship», *Psychological Inquiry*, 1994, n.º 5, págs. 1-22.

80. R. C. Schank, R. P. Abelson, *Scripts, Plans, Goals and Understanding*, Hillsdale, Erlbaum, 1977.

81. M. Mancia, «Dream actors in the theatre of memory: their role in the psychoanalytic process», *Int. J. Psychoanal.*, 2003, 84, págs. 945-952.

82. S. Freud, «Analyse terminée et analyse interminable», *Revue française de psychanalyse*, 1938-1939, n.º 1, págs. 3-38. [Trad. castellana: «Análisis terminable e

interminable», en: *Psicoanálisis aplicado y técnica psicoanalítica*, Madrid, Alianza, 1986.]

83. J.-C. Kaufmann, *L'Invention de soi. Une théorie de l'identité*, París, Armand Colin, 2004, pág. 153.
84. J. Holmes, *John Bowlby and the Attachment Theory*, Londres/Nueva York, Routledge, 1993.
85. E. Bibring, «The conception of the repetition compulsion», *Psychoanalytic Quarterly*, XII, 1943, págs. 486-519.
86. V. de Gaulejac, *Les Sources de la honte*, París, Desclée de Brouwer, 1996, pág. 225.

IV. Metafísica del amor

1. Carta imaginaria de un ex adolescente.
2. O. Bourguignon, «Attachement et détachement», en D. Houzel, M. Emmanuelli y F. Moggio, *Dictionnaire de psychopathologie de l'enfant et de l'adolescent*, París, PUF, 200, págs. 70-72.
3. Ph. Gutton, «La parentalité», seminario, Aix-en-Provence, 8 de marzo de 2004. Cita del escrito de D. Lagache y P. Mâle titulado «Arguments pour un symposium psychanalytique sur l'adolescence: les relations avec autrui et les relations avec soi-même», *Rapport du 1er congrès européen de pédopsychiatrie*, París, SPEI, 1960, págs. 205-207.
4. R. Miljkovitch, *L'Attachement au cours de la vie*, París, PUF, 2001, págs. 196-231; y B. Cyrulnik, *Sous le signe du lien*, op. cit., págs. 244-252.
5. M. D. S. Ainsworth, «Some considerations regarding theory and assessment relevant to attachment beyond infancy», en M. T. Greenberg, D. Cicchetti y E. M. Cummings (comps.), *Attachment in the Preschool Years: Theory, Research and Intervention*, Chicago, University of Chicago Press, 1990.
6. Mihai Ioan Botez (comp.), *Neuropsychologie clinique et neurologie du comportement*, Presses de l'Université de Montréal/Masson, pág. 93.
7. A. C. R. Damasio, *Spinoza avait raison. Joie et tristesse, le cerveau des émotions*, París, Odile Jacob, 2003, págs. 118-119. [Trad. castellana: *El error de Descartes: la emoción, la razón y el cerebro humano*, Barcelona, Crítica, 2003.]
8. R. L. Birdwhistell, *Kinesics and Context*, Filadelfia, University of Pennsylvania Press, 1970.
9. L. N. Dobriansky-Weber, «La parade nuptiale: une histoire sans paroles», *Le Journal des psychologues*, 2003, n.º 139, julio-agosto de 1998, pág. 23.
10. B. Cyrulnik, *Les Nourritures affectives*, París, Odile Jacob, 1993, págs. 17-49; e I. Eibl-Eibesfeldt, *Éthologie. Biologie du comportement*, París, Éditions Scientifiques, 1972, págs. 428-452. [Trad. castellana: *Etología: introducción al estudio comparado del comportamiento*, Barcelona, Omega, 1974.]
11. P. Lemoine, *Séduire. Comment l'amour vient aux humains*, París, Robert Laffont, 2004.
12. H. Beethoven, D. Boyd, *Psychologie du développement. Les âges de la vie*, op. cit., pág. 298; y M. Odent, *The Scientification of Love*, Londres, Free Association Books, 1999.

13. J. Lecomte, *Guérir de son enfance*, París, Odile Jacob, 2004.
14. G. H. Elder, «The life course as a developmental theory», *Child Development*, 1998, 69 (1), págs. 1-12.
15. «Les caractéristiques de la population sexuellement active», *La Recherche*, n.° 223, julio-agosto 1990; y M. Bozon y H. Leridon, *Sexualité et sciences sociales*, Ined, París, PUF, 1995.
16. R. Neuburger, *Le Mythe familial*, París, ESF, 1995.
17. Goethe, «Les souffrances du jeune Werther», en P.-L. Assoun, «Le trauma amoureux. Le "complexe de Werther"», *Le Journal des psychologues*, n.° 159, julio-agosto de 1998, pág. 31.
18. P.-M. Crittenden, «L'évolution, l'experience et les relations d'attachement», en E. Habimana, L. S. Ethier, D. Petot y M. Tousignant, *Psychopathologie de l'enfant et de l'adolescent*, Montreal, Gaétan Morin, 1999, págs. 86-88.
19. *Ibíd.*, pág. 90.
20. S. Freud, *L'Interprétation des rêves*, París, PUF, 1967, pág. 412. [Trad. castellana: *La interpretación de los sueños*, Madrid, Alianza, 1988.]
21. J. Bowlby, *Attachement et perte*, tomo I: *Attachement*, París, PUF, 1978.
22. M. Delage, B. Bastien-Flamain, S. Baillet-Lucciani y L. Lebreton, *Application de la théorie de l'attachement à la compréhension et au traitement du couple*, Toulon, de próxima aparición (2005).
23. M. T. Greenberg y M. L. Speltz, *Contribution of Attachment Theory to the understanding*, Hillsdale, Erlbaum, 1988.
24. P. Fonagy y N. Target, «Attachment and reflexive function, their role in self-organization», *Development Psychopathology*, 1997, 9, págs. 679-700.
25. B. Pierrehumbert, A. Karmanolia, A. Sieye, R. Miljkovitch y O. Halfon, «Les modèles de relation: développement d'un autre questionnaire d'attachment pour adulte», *Psychiatrie de l'enfant*, tomo I, 1996, págs. 161-206.
26. Valorando con una puntuación máxima de 10 en cuatro columnas de diez preguntas inspiradas en el autocuestionario de vínculo para adultos concebido por Blaise Pierrehumbert (Lausanne). Cada columna correspondía a lo siguiente: vínculo seguro, vínculo ambivalente, vínculo de evitación, angustia.
27. B. Cyrulnik, M. Delage, S. Bourcet, M.-N. Blein y A. Dupays, *Apprentissage, expression et modification des styles affectifs après le premier amour*, op. cit.
28. M. Delage, «Répercussions familiales du traumatisme psychique. Conséquences pour une intervention thérapeutique», *Stress et Trauma*, 2001, 1 (4), págs. 203-211.
29. C. Duchet, C. Jehel, J.-D. Guelfi, «À propos de deux victimes de l'attentat parisien du RER Port-Royal du 3 décembre 1996: vulnérabilité posttraumatique et résistance aux troubles», *Annales médico-psychologiques*, 2000, 158 (7), págs. 539-548.
30. M. Gannagé, *L'Enfant, les parents et la guerre. Une étude clinique au Liban*, París, ESF, 1999.
31. M. Declerq, «Les répercussions du syndrome de stress posttraumatique sur les familles», *Thérapie familiale*, 1995, 16 (2), págs. 185-195.
32. A. M.-Blanc, «Les femmes dans la protection maternelle et infantile: une problématique de la place de la femme dans la société actuelle», tesis de tercer ci-

clo, Unidad de Formación e Investigación en Ciencias Sociales, Aix-Marseille-I, enero de 2000.

33. G. E. Armsden, E. McCawley, M. T. Greenberg y P. M. Burke, «Parent and peer attachment in earlier adolescence and depression», *Journal of Abnormal Child Psychology*, 1990, 18, págs. 683-697.

V. Heredar el infierno

1. R. Robinson, «The present state of people who survived the holocaust as children», *Acta Psych. Scand.*, 1994, 89, págs. 242-245.
2. M.-P. Poilpot (comp.), *Souffrir mais se construire. Fondation pour l'enfance*, Ramonville Saint-Agne, Érès, 1999.
3. E. Bouteyre, *Réussite et résilience sociales chez l'enfant de migrants*, París, Dunod, 2004.
4. M. Gilbert, *L'Identité narrative*, Genève, Labor et Fidès, 2001, pág. 37.
5. M. Main, N. Kaplan y J. Cassidy, «Security in infancy, childhood and adulthood: a move to the level of representation», en I. Bretherton y E. Waters (comps.), «Growing point of attachment theory and research», *Monographs of the Society for Research Child Development*, 1985, 50 (1-2, número de serie 290), págs. 66-104.
6. M. D. S. Ainsworth, M. C. Blehar, E. Waters y S. Wall, *Patterns of Attachment: Assessed in the Strange Situations at Home*, Hillsdale, Erlbaum, 1978.
7. H. F. Harlow, «Love created, love destroyed, love regained», en *Modèles animaux du comportement humain*, París, Éditions du CNRS, 1972, págs. 27 y 49.
8. B. Cyrulnik y F. Cyrulnik-Gilis, «Ethologie de la transmission des désirs inconscients. Le cas *Pupuce*», *L'Évolution psychiatrique*, 1980, tomo XLV, fascículo III, págs. 553-566.
9. I. Boszormenyi-Nagy y J.-L. Framo, *Psychothérapies familiales*, París, PUF, 1980.
10. B. Golse, «Transgénérationnel», en D. Houzel, M. Emmanueli y F. Moggio, *Psychopathologie de l'enfant et de l'adolescent*, op. cit., pág. 743.
11. D. Stern, «Intersubjetivité, narration et continuité dans le temps», Jornadas SFPEADA, «La Communication et ses troubles», Caen, 14 de mayo de 2004.
12. Ricks (1985), Grossman (1988), Fonagy (1991), Ward (1995), Main (1996), Zeanah (1996).
13. P. Fonagy, «Mental representations from an intergenerationel cognitive science perspective», *Infant Mental Health Journal*, 1994, 15, págs. 57-68.
14. C. Mareau, «Mécanismes de la résilience et exploitation sélective des compétences au sein d'une relation mère-enfant potentiellement pathogène», tesis doctoral, Universidad de París-V, junio de 2004.
15. D. W. Winnicott, *De la pédiatrie à la psychanalyse*, París, Payot, 1971. [Trad. castellana: *Escritos de pediatría y psicoanálisis*, Barcelona, Paidós, 2002.]
16. P. Fonagy, M. Steele, H. Steele, G. S. Moran y A. C. Higgit, «The capacity for understanding mental states: the reflective self-parent in mother and child and its significance for security of attachment», *Infant Mental Health Journal*, 1991, 12 (3), págs. 201-218.

17. P. Brenot, *Le Sexe et l'Amour*, París, Odile Jacob, 203.
18. Carta personal (2003), citada en su sustancia. He recibido varias cartas anónimas similares, lo que permite pensar que es posible que varios de esos niños injustamente heridos se hayan hecho psiquiatras.
19. M. Delage, «Traumatisme psychique et résilience familiale», *Stress et Trauma*, 2002, 2 (2), págs. 69-78.
20. M. Rubinstein, *Tout le monde n'a pas la chance d'être orphelin*, París, Verticales, 2002.
21. *Ibíd.*, pág. 85.
22. P. Benghozi, «L'ataque contre l'humain. Traumatisme catastrophique et transmission généalogique», *Nervure*, 1996, tomo IX, n.º 2, marzo.
23. E. Mujawayo y S. Belhaddad, *SurVivants*, La Tour d'Aigues, Éditions de l'Aube, 2004, pág. 149.

VI. Los cantos sombríos

1. G. Briole, comunicación leída en las Jornadas de Lieja, «Traumatisme et fantasme», 15 y 16 de marzo de 1997, *Quarto Nov.*, 1997.
2. P. Benghozi, «Porte-la-honte et maillage des contenants généalogiques familiaux et communautaires en thérapie familiale», *Revue de psychothérapie psychanalytique de groupe*, París, Érès, 1994.
3. La reconstrucción del diálogo se ha realizado tomando como base la obra de J.-C. Snyders, *Voyage de l'enfance*, París, PUF, 2003, págs. 23-25.
4. A. de Mijolla, *Préhistoires de famille*, París, PUF, 2004, pág. 150.
5. J.-C. Snyders, *Voyage de l'enfance*, op. cit., pág. 108.
6. *Ibíd.*, pág. 123.
7. S. Parent y J.-F. Saucier, «La théorie de l'attachement», en E. Habimana, L. Ethier, D. Petot y M. Tousignant, *Psychopathologie de l'enfant et de l'adolescent*, Montreal, Gaëtan Morin, 1999, pág. 39.
8. J. Lighezzolo y C. de Tychey, *La Résilience. Se (re)construire après le traumatisme*, París, In Press, 2004, pág. 72.
9. Jeremías, 31:29.
10. C. Trevarthen, P. Hubley y L. Sheeran, «Les activités innées du nourrisson», *La Recherche*, 1975, n.º 6, págs. 447-458.
11. J. Lecamus, *Les Relations et les interactions du jeune enfant*, París, ESF, 1985.
12. M. Main, «Cross-cultural studies of attachment organization, recent studies: changing methodologies and the concept of conditional strategies», *Human Development*, 1990, 35, págs. 48-61.
13. C. Krelewetz, C. Piotrowski, «Incest survivor mothers: protecting the next generation», *Child Abuse and Neglect*, 1998, volumen 22, n.º 12, págs. 1.305-1.312.
14. J. Bowlby, *A Secure Base. Clinical Application of Attachment Theory*, Londres, Routledge, 1988. [Trad. castellana: *Una base segura: aplicaciones clínicas de una teoría del apego*, Barcelona, Paidós, 1996.]

15. N. Guedeney y A. Guedeney, *L'Attachement. Concepts et application, op. cit.*, pág. 30.
16. J. Lecomte, *Guérir de son enfance, op. cit.*, pág. 200.
17. A. Boutros-Boutros Galli, *Cité de la Réussite*, Foro de la Escritura, París, 19 de junio de 2004.
18. M. Frydman, *Le Traumatisme de l'enfant caché*, Quorum, 1999.
19. W. Kristberg, *The Invisible Wound: A New Approach to Healing Childhood Sexual Trauma*, Nueva York, Bantham Books, 1993.
20. C. A. Courtois, *Healing the Incest Wound: Adult Survivors in Therapy*, Nueva York, W. W. Norton, 1998.
21. A. M. Ruscio, «Predicting the child-rearing pratices of mothers sexually abused in childhood», *Child Abuse and Neglect*, 2001, n.° 25, págs. 362-387.
22. C. Kreklewetz y C. C. Piotrowski, «Incest survivors mothers: protecting the next generation», *Child Abuse and Neglect*, 1998, volumen 22, n.° 12, págs. 1.305-1.312.
23. G. Perec, *W ou le souvenir d'enfance*, París, Denoël, 1975.
24. A. Aubert, «La diversion, voie de dégagement de l'expérience de la douleur», en F. Marty, *Figures et traitements du traumatisme*, París, Dunod, 2001, pág. 224.
25. G. Perec, *La Disparition*, París, Denoël, 1969.
26. J. Semprún, *L'Évanouissement*, París, Gallimard, 1967. [Trad. castellana: *El desvanecimiento*, Barcelona, Editorial Planeta, 1979.]
27. A. Green, *La Déliaison. Psychanalyse, anthropologie et littérature*, París, Hachette Littérature, 1973.
28. S. Landau-Mintz, *Adèle*, manuscrito de próxima aparición.
29. M. Rubinstein, *Tout le monde n'a pas la chance d'être orphelin*, op. cit., págs. 102-103.
30. Y. Danieli, «Families of survivors of the nazi holocaust: some short and long-term effects in stress and anxiety», en I. G. Spielberger, N. Y. Sarason, C. D. Milgram, *Hemisphere*, volumen 8, Nueva York, McGraw Hill, 1981.
31. R. Yehuda, J. Schmeidler, A. Elkin, S. Elson, L. Siever, K. Binder-Brynes, M. Fainberg y D. Aferiot, «Phenomenology and psychobiology of the intergenerational response to trauma», en *International Handbook of Multigenerational Legacies of Trauma*, Nueva York, Plenum, 1998.
32. Z. Solomon, M. Kotler y M. Mikulinger, «Combat-related posttraumatic stress disorder among second-generation survivors: preliminary findings-American», *Journal of Psychiatry*, 1998, n.° 145, págs. 865-868.
33. A. Sagi-Schwartz, M. Van Ijzendoorn, K. E. Grossman, T. Joels, K. Grossman, M. Scharf, A. Koren-Karie y S. Alkalay, «Les survivants de l'holocauste et leurs enfants», *Devenir*, 2004, volumen 16, n.° 2, págs. 77-107.
34. *Ibíd.*
35. M. H. Van Ijzendoorn, «Associations between adult attachment representations and parent-child attachment, parental responsiveness, and clinical status. A meta-analysis on the predictive validity of the Adult Attachment Interview», *Psychological Bulletin*, 1995, n.° 117, págs. 387-403.
36. J. Laplanche, J.-B. Pontalis, *Vocabulaire de la psychanalyse*, París, PUF, 1967, pág. 68. [Trad. castellana: *Diccionario de psicoanálisis*, Barcelona, Paidós, 1996.]

37. C. Breton, «Socialisation des descendants de parents résistants déportés de France», Tesis doctoral en Ciencias de la educación, Universidad de París-X-Nanterre, 1993, pág. 370.
38. *Ibíd.*, pág. 371.
39. *Ibíd.*, pág. 390.
40. P. Grimbert, *Un secret*, París, Grasset, 2004, págs. 177-178.
41. P. Fossion, M. C. Rejas, L. Servais, I. Pelc y S. Hirsch, «Family approach with grandchildren of holocaust survivors», *American Journal of Psychotherapy*, 2003, volumen 57, n.º 4.
42. M. Heireman, «Le livre des comptes familiaux», en Patrice Cuynet (comp.) *Héritages*, París, L'Harmattan, 1999, pág. 84.
43. N. de Saint-Phalle, «Honte, plaisir, angoisse et peur...», *Mon secret*, París, La Différence, 1994, pág. 8.
44. R. C. Fraley y P. R. Shaver, «Loss and bereavement: attachment theory and recent controversies concerning "grief work" and the nature of detachment», en J. Cassidy y P. Shaver (comps.), *Handbook of Attachment*, Nueva York, Guilford, 1999.
45. F. Castaignos-Leblond, *Traumatismes historiques et dialogue intergénérationnel*, París, L'Harmattan, 2001, pág. 196.
46. *Ibíd.*

VII. Conclusión

1. J. Laplanche y J.-B. Pontalis, *Vocabulaire de la psychanalyse*, op. cit., pág. 279.
2. A. Aubert Godard, «Fondement de la santé, triade et traumas originaires», en F. Marty (comp.), *Figures et traitements du traumatisme*, op. cit., pág. 26.
3. S. Ferenczi, «Réflexion sur le traumatisme», en *Psychanalyse 4*, París, Payot, 1934, pág. 236.
4. L. Aragon, *Le Fou d'Elsa. Le malheur dit*, París, Gallimard, «Poésie», 1963, págs. 365-368.